問學

丛书编委会

（按姓氏音序排列）

主　编

傅　杰　　刘进宝

编　委

程章灿　　杜泽逊　　廖可斌　　刘跃进

荣新江　　桑　兵　　舒大刚　　王　素

王云路　　吴振武　　张　剑　　张涌泉

敦煌学随笔

郝春文 著

浙江古籍出版社

图书在版编目（CIP）数据

敦煌学随笔 / 郝春文著. -- 杭州：浙江古籍出版社，2024.8. --（问学）. -- ISBN 978-7-5540-3005-9

Ⅰ. K870.6-53

中国国家版本馆CIP数据核字第2024VW9835号

问　学

敦煌学随笔

郝春文　著

出版发行	浙江古籍出版社
	（杭州市环城北路177号　电话：0571-85068292）
网　　址	https://zjgj.zjcbcm.com
责任编辑	伍姬颖
封面设计	吴思璐
责任校对	吴颖胤
责任印务	楼浩凯
照　　排	浙江大千时代文化传媒有限公司
印　　刷	浙江海虹彩色印务有限公司
开　　本	787mm×1092mm　1/32
印　　张	7
字　　数	140千字
版　　次	2024年8月第1版
印　　次	2024年8月第1次印刷
书　　号	ISBN 978-7-5540-3005-9
定　　价	50.00元

如发现印装质量问题，影响阅读，请与本社市场营销部联系调换。

序

我自 1983 年起，随宁可师学习整理、研究敦煌文献，其后主要从事有关敦煌和敦煌学的教学与研究，不觉已经 40 多年了。这 40 多年，我的主要工作是整理敦煌资料，其间做过几项专题研究，也陆陆续续写过一些面向公众或具有通俗性的学术文字。最近几年，将这类文字结集出版渐成风气，我的几个学生都已出版这类文集。对此，我不能说心无波澜。但因深陷敦煌文献整理泥潭中，所以无暇顾及其他。我做的课题被王素兄称为"超长期""超大"项目，即使从现在算起，奋尽全力也需要十多年才有望"解套"。为了能让我耗费几十年心血的项目早日收官，我也只能选择继续在泥潭中扑腾！所以，最近几年，除了工作单位的教学工作，校外的讲学绝大部分都被我婉拒了。科研方面也是尽量做减法，一般不再接受新的课题和新的写作任务。在这样一种心境下，编辑以往的旧作结集出版，在我内心是抵触的，也拒绝或放弃过一些类似约稿。因为就我承担的任务而言，全力向前犹恐不及，哪有心思回头看！

此书最终得以编成，缘于进宝兄的多次约稿。进宝兄是个难缠的约稿人，他不像其他约稿人那样，约一次不行就算了。他是一而再、再而三地苦苦劝说，晓之以理，动之以情。记得"雅学堂丛书"第一辑组稿时他给我打电话，说"一共十本，怎么也得有你一本"。虽然他几次联系，我还是以没时间为由，坚决推掉了。其实，十本中有没有我，我也不认为是个重要问题。在我看来，一个纯粹的学者，在意的应该是你写的文字一百年、一千年乃至一万年后还会不会有人看，你对中国传统文化的传承做了哪些能让后人记住的工作。如果有这样的站位，世间的很多事都会看淡，就不会太在意当代梁山泊英雄所排的座次，也会发现现世很多人在意并孜孜以求的东西其实都是浮云。话是这么说，进宝兄的说辞对我还是有触动的。等到"雅学堂丛书"十本出版，引起比较大的反响以后，我虽然没有后悔未能参与其事，但也确实再次有所触动。我当时反思，看来我还是免不了被浮云遮住视线，并为自己定力不足，发生以上两次内心触动而深感惭愧。

2023年10月，涌泉兄出面邀我参加浙江古籍出版社的专家学术会议，并约我编一本随笔集，列入该社的"问学"丛书。这套丛书的性质和"雅学堂丛书"相似。会议期间，出版社议程里有2024年出版"问学"丛书中的两本，其中有我一本。但因为事后没有具体安排，所以我也就没有将此列入我的工作计划。同年11月，进宝兄开始策划"雅学堂丛书"第二辑，又是十本。进宝兄再次找我，此前他已经送给我全套的"雅学堂丛书"第一辑。至少在我看来，这也是约稿组合拳的一部分。但我已经答应给浙江古籍编一本，那套书进宝兄也是主编之一。进宝兄就建议我可以编两本，我再次以没时间为由拒绝了。虽然进宝兄的多次约稿都没能成功，但这件事可能还是深深地触动了我，并进入了我的潜意识。

2024年年初，两项工作间有点间隙，我竟然鬼使神差地编起了这部书稿。我想，可能是进宝兄多次诚恳的约稿打动了我，成功激活了山里人的入世之心。看来，我也只能做到时在山中，时在闹市了。

这本文集所收文章都是我在报纸杂志上发表的具有通俗性的学术文章，内容涉及敦煌与敦煌学、敦煌学史以及介绍敦煌遗书价值和敦煌遗书整理方法等方面。这一组文章，各篇之间，或有重合。但因各篇主旨不同，且都是独立成篇，如果删掉重合部分，就会造成原作的上下文无法衔接，所以只能一仍其旧。还有一些同类文章，因为此前已经收入我的《二十世纪的敦煌学》和《郝春文敦煌学论集》两书，为避免重复，此次结集未再收入。本书所收文章绝大部分与敦煌学有关，也都是我数十年间问学敦煌留下的印迹。所以将此书命名为《敦煌学随笔》。这里的"随笔"，其实不太符合文学界对随笔的定义。但近年来，至少是不少史学界同行将本书所收的这类文字称作"随笔"。我想,语言和概念都是约定俗成的,也是发展变化的。或许在将来,史学界的"随笔"也会成为随笔大家庭中的正式成员。

今年,我将步入"70后"的行列,明年将正式退休。编此小书,也算留个纪念吧。

进入老年以后,本来可以刀枪入库,马放南山,安享夕阳时光了。为什么要放弃正当的休息权利,继续奋力读书写作呢?进宝兄在《雅学堂丛书》序言中指出是使命感使然。这种看法当然是有道理的,而且我也很佩服那些进入暮年仍然壮心不已的学人。但在我看来,其实这个问题是很难一概而论的。不仅存在明显的个体差异,同一个体在不同时期也存在巨大差异。对我而言,青年时初涉学术,那时的感觉是,"天高地迥,觉宇宙之无穷"。确实有做"一时代之学术之托命之人"的使命感。进入老年,已是"兴尽悲来,识盈虚之有数"。岁月的打磨,使我逐渐明白,作为个体,我们其实改变不了什么。与此相适应,读书做事的功利性因素在逐渐减少,自娱的成分却在逐渐增加。据我就近观察,我的老师辈中的一些人,如宁可先生、戚国淦先生、季羡林先生和周绍良先生等,在晚年时其实已经把读书写作当作一种生活方式了。我想这样一种方式也适合我。

早在几年前,浙江古籍出版社的王旭斌社长就计划把我的《石室写经——敦煌遗书》一书拿到该社重印出版,但因为版权的原因，最终未能落实。此次王社长又策划将这本小书列入"问学"丛书，在此特向王社长的垂青表示衷心的感谢！

是为序。

2024 年 1 月 22 日于云南腾冲玛御谷山中

目录
CONTENTS

1　敦煌：古代丝绸之路上的一颗最耀眼的明珠
40　论敦煌学
53　关于敦煌学之命名、内涵、性质及定义的探索历程
63　敦煌写本学与中国古代写本学
83　中国古代写本学与古代文学写本的整理与研究
91　敦煌学史概说
106　改革开放前中国敦煌学的成就与反思
113　改革开放以来我国在敦煌遗书整理和研究方面取得的重要成就
122　中国的敦煌学是如何走向世界的
143　用新范式和新视角开辟敦煌学的新领域
150　敦煌学流光百年，历久弥新
　　　——莫高窟藏经洞发现120周年新书访谈
158　敦煌古代文化遗产的当代价值
166　论唐五代宋初敦煌私社的社会功能

173　走近蒙尘千年的敦煌宝藏
181　如何正确释录敦煌文书上的手写文字
197　第37届国际东方学家大会侧记

敦煌：古代丝绸之路上的一颗最耀眼的明珠

一、敦煌名称的由来及其在古代丝绸之路上的重要地位

"敦煌"最早见于《史记·大宛列传》，是张骞出使西域归来后，在向汉武帝报告大月氏的情况时提及的。张骞出使西域时控制敦煌的是匈奴，在匈奴之前，还曾有羌人、乌孙和月氏先后在这一地区活动。所以近年不少学者认为"敦煌"应是羌人、乌孙、月氏或匈奴对该地区所取名字的音译，其本来涵义和究竟译自哪个民族的语音，学术界虽有不少推测，但由于缺乏直接材料，最终都无法证实。

公元前121年（西汉元狩二年），汉武帝派霍去病率大军击败河西匈奴，浑邪王率部降汉，河西走廊归入中原王朝版图。汉廷在河西置武威、酒泉二郡，敦煌地区隶属酒泉郡。公元前111年（西汉元鼎六年），汉廷析酒泉郡地置敦煌郡，领敦煌、冥安等六县，敦煌成为郡和县的治所。为防御匈奴侵扰，保证丝绸之

路的畅通，汉廷在敦煌郡北部修筑了长城，与酒泉郡的长城相接。郡西部则建有玉门关和阳关，出关可通西域。两关之间也有长城和烽燧相连。敦煌被建设成为中原通往西域的门户和边防军事重镇。为充实敦煌郡，汉武帝从内地移民于此。史载西汉末年敦煌郡已有户一万一千二百，口三万八千三百三十五。来到敦煌的移民和戍卒多为汉人，其数量已超过原留居的少数民族，成为主体民族。他们不仅为保卫、开发敦煌提供了人力，还带来了内地先进的生产技术和文化。汉王朝组织移民和戍卒进行屯田，大力兴修水利工程，使敦煌从以游牧为主的社会生活方式转变为以农耕为主，逐渐成为繁荣的农业区和粮食基地。在农业发展的同时，原有的畜牧业仍占重要地位。汉廷对敦煌的经营与开发，意义重大，影响深远。敦煌与酒泉、张掖、武威连成一线，隔断了匈奴与羌人的联系，起到了"断匈奴右臂"的作用；对内保卫着陇右地区的安全，对外有力地支持了汉王朝打击匈奴、经营西域的一系列军事活动。汉廷对匈奴、西域用兵，常以敦煌、酒泉为大军的集结地和出发地，这两地还负责提供、转运武器装备和粮草。

有鉴于敦煌自西汉以来的快速发展，东汉应劭在注《汉书》时，将译自少数民族语音的"敦煌"二字赋予了新的含义，称"敦，大也；煌，盛也"。这个解释虽不一定符合其本来含义，但大致反映了敦煌自西汉建郡以来的发展情况，所以得到了后世史家的认可。唐李吉甫在《元和郡县图志》中说："敦，大也，以其开广西域，故以盛名。"这个解释更是将敦煌二字的含义直接和丝绸之路联系在了一起。

其实，敦煌不仅因丝路而得名，亦因丝路而发展、繁荣，她是古代丝绸之路上一颗最耀眼的明珠。

打开世界地图，我们会看到，地球上最大的一片陆地是欧亚大陆。在这片大陆腹地的东边，有一条著名的地理上的走廊，叫作河西走廊。河西是因为它在黄河的西边而得名，它的南边是祁连山。祁连山的高峰，海拔在四千米以上，山顶终年积雪。从祁连山再往南就是青藏高原了，那里属于高寒地带，通行比较困难，不要说在车马和步行的古代，即使在今天，那个地方也是比较难通行的。祁连山还有一个名字叫南山。这是因为，在河西走廊的北部，还有一组山脉，跟祁连山并行，统称为北山。北山跟祁连山相比，没有那么高，比较低平。但是北山的北边就是蒙古高原的茫茫大漠，也不便通行。所以夹在南北两山之间，长一千多公里、宽几公里到百十里的这个狭长地带，名副其实地成为一条地理上的走廊。从乌鞘岭开始，经过武威、张掖、酒泉、敦煌，越过玉门关和阳关，一直远出到新疆白龙堆的茫茫沙海。从河西走廊往西走，经过新疆、中亚，可以和南亚、西亚，乃至欧洲和北非连接起来。历史上，在空运和海运发达之前，这一条通道一直是中西交通的主要干线。而敦煌位于河西走廊的西端，是党河下游的一小块绿洲。

敦煌的南面是属于祁连山山脉的三危山，北面是北山山脉，西边则扼玉门、阳关两关，所以如果说河西走廊是中西交通的干线，敦煌则可以说是古代中原与西域，中国与西亚乃至欧洲、北非交往的一个咽喉。"咽喉"这个词不是我说的，是古人说的。隋代裴矩《西域图记序》说，当时中国通西域的道路有三条：一条是伊吾，伊吾就是今天的哈密。一条是鄯善，鄯善这个地名现在还在，还叫鄯善县。一条是高昌，高昌就是现在的吐鲁番。这就是说伊吾、鄯善、高昌分别是这三条大路的起点，敦煌是这三条大道的总出发点，是由内地到西域的咽喉。用裴矩的话说，就是"总凑敦煌，是其咽喉之地"。可见，古代敦煌是对外交往的窗口，中原的丝绸、瓷器和文化典籍，通过这里传往西方；西方的宗教、香料等精神和物质文化，也通过这里传入中原。

正是由于敦煌在丝绸之路上所具有的重要战略地位，中原王朝才在这一地区持续投入大量人力、物力和军事力量，使其在西汉时期得到了快速甚至超常的发展，从一个不知名的边塞城镇迅速发展成为中原通往西域的门户和边防军事重镇。

二、敦煌古代文化遗产的主要内容

敦煌古代文化遗产包括先民创造的石窟艺术遗存、敦煌藏经洞出土古代文书和敦煌历史遗迹等。

1. 敦煌莫高窟与敦煌石窟艺术

敦煌石窟艺术是我国传统的民族文化在外来佛教和佛教艺术刺激下产生出来的一种艺术形态，是石窟建筑、彩塑和壁画三者合一的佛教文化遗存。敦煌石窟包括古代敦煌郡、晋昌郡范围内就岩镌凿的敦煌莫高窟、西千佛洞、瓜州榆林窟、东千佛洞、水峡口下洞子石窟、肃北五个庙石窟及一个庙石窟、玉门昌马石窟等佛教石窟寺。

我们国家的石窟寺很多,比如河南的龙门石窟、山西的云冈石窟、四川大足石刻,甘肃还有天水麦积山石窟等,其中保存规模最大、最完整的是敦煌莫高窟,它不仅对研究中国美术史具有重要价值,有人把它称为中国古代的美术博物馆,还为研究音乐舞蹈史及古代生产生活、衣食住行各个方面提供了珍贵的图像资料。

敦煌莫高窟又叫千佛洞,是敦煌石窟艺术的代表。它位于今敦煌市东南25公里处,鸣沙山东麓断崖上,坐西朝东,前临宕泉,面对三危山。莫高窟始凿于前秦建元二年,即公元366年,历经北凉、北魏、北周、隋、唐、五代、宋、西夏、元、明、清等朝代陆续修建。唐武则天时期,就已经有"窟龛千余"了。敦煌莫高窟前后有一千多年,从宋元以后艺术水平就越来越差了。清朝末年,莫高窟已破败不堪。现在的莫高窟是1949年以后国家斥巨资修复的。

这些历代开凿的洞窟密布岩体,大小不一,上下错落如蜂窝状,全长达1600余米。

莫高窟有很多层,开始可能是先从底层开窟造像,后来底层没空间了就往上层修建,越建越高,最高的有十几丈高。现在我们看到的水泥通道，把上下都连接起来。古代的时候都是用木架子作为连接上下的通道。

莫高窟窟群分为南、北两区，现存有壁画、塑像者492窟，多分布于南区。北区除少数洞窟有壁画，其余250多窟均无壁画塑像，多为僧人居住的僧房和库房，另外还有放僧人骨灰的地方。所以，南区应该是当时的工作区，北区则是生活区。

莫高窟壁画和塑像的数量，壁画有约4.5万平方米，如果将其一平方米一平方米地展开，可以说这也是一个壁画的万里长城。彩塑有3000余身，在全国也是最多的。这些石窟以彩塑为主体，四壁及顶部均彩绘壁画，地面漫铺花砖，窟外有窟檐，是当时佛教信徒修行、观像和礼拜的处所。

洞窟的形制，早期是以中心塔柱窟为主。中心塔柱窟在形制上的特点是窟室平面呈长方形，在主室后部中央凿出通连窟顶与地面的中心塔柱。柱身四面凿龛造像，正面为一大龛，其余三面都是两层龛，除两侧面上层作阙形龛外，其他都是尖楣圆券形龛。在窟室后部，中心塔柱与窟室侧壁、后壁之间形成绕塔右旋的通道，通道上方为平顶。在塔柱前面约占全室纵深三分之一的部分，顶部凿成人字披形状，并塑出半圆形模仿木结构的椽子、檐枋和脊枋。人字披檐枋两端，有的还塑绘有木制斗拱承托。这种居中凿建塔柱的洞窟，可供僧人和信徒绕塔观像、供养礼拜。这种窟形流行于北魏前期至西魏、北周时期。

隋唐以后，殿堂窟（即覆斗顶窟）成为主要窟形。殿堂窟平

敦煌：古代丝绸之路上的一颗最耀眼的明珠 7

中心塔柱窟
（第251窟，段文杰主编《中国敦煌壁画全集1》，天津人民美术出版社2006年版）

面为正方形，窟顶作覆斗状，窟顶四面呈斜坡。这种形制最早出现于西魏的249窟。北周时期有较大发展，在隋代成为基本窟形。在窟中有的正面开龛，有的三面开龛，有的作马蹄形佛床，有的依壁造像，布局多种多样。这种窟形为以后的唐代所沿袭。平面呈正方形的主室后壁即对窟门的一面开一神龛，两侧一般不再开龛，室内宽敞的活动空间，供善男信女巡礼、瞻仰、参拜和斋会。主室前一般都有平面呈横长方形的前室。室外多有木构建筑以连接各窟。窟檐和廊道大部为单层建筑，结构简单，但因上面盛饰彩画，便显得华丽壮观。

从中心塔柱窟到殿堂窟的变化，与宗教活动有关。魏晋南北朝时的佛教法事活动，要围着洞窟内的中心塔柱观像礼拜。到隋唐时期，佛教法事活动流行的是斋会和讲经，讲经或举行斋会就需要大一点的活动场地，于是就出现了场地比较宽敞的殿堂窟。

在唐晚期和元代，又曾出现在洞窟中央设立佛坛的窟形。

洞窟的主体是佛的塑像，位置显著。莫高窟的造像与内地的云冈、龙门等处的石窟造像不同。云冈、龙门的佛像都是依山雕凿而成，但鸣沙山属第四纪玉门系的砾岩层，系由积沙和河卵石沉淀黏结而成。卵石坚硬，金石难琢；沙层疏松，难御水浸风蚀，故不适于雕刻。所以，莫高窟的佛像都是敷彩的泥塑。这种塑像根据形体的大小来确定塑造的方法。小型彩塑是用木头削制成人物的大体结构，表面上塑以细质薄泥，而后上色。大一些的塑像则用圆木根据塑像姿势的需要扎制，即在圆木上包上芦苇或芨

敦煌：古代丝绸之路上的一颗最耀眼的明珠　　9

殿堂窟
（第85窟，关友惠著《中国敦煌壁画全集8》，天津人民美术出版社2001年版）

芨草，捆扎成人物的大体结构，再用麦草和泥捏在芦苇或芨芨草上，晒干。在此基础上，再加麻筋和细泥，最后上色。塑造高达二三十米的泥塑，则不能用木质骨架，而是在开窟时预留塑像石胎，然后在石胎上凿孔插桩，再于表层敷泥上色。这种泥塑的表现力比石雕更为丰富、有力。

早期即北凉时期的几个洞窟内的佛像都是单身塑像，且多以弥勒为主尊。第275窟南北壁上部的阙形龛中塑了形象各异的交脚弥勒像，故也被称作弥勒窟。北朝时期发展为成铺的组像，即一般在居中的主尊佛或菩萨的两侧增加左右胁侍菩萨。隋代的塑像则继往开来，具有明显的过渡特征。首先是继承并发展了北朝时期的群像形式。在一龛之内以佛为主尊，两侧侍立二弟子、二菩萨或四菩萨，形成三至七身一组的格局。唐前期的彩塑在隋代基础上进一步发展，以整铺的群像为主，由一铺五身、七身而向九身、十一身发展，气势宏大。

莫高窟的壁画多数属于水粉壁画。它的制作程序是先把碎麦秸和麻刀和成的泥涂抹在壁面上，其厚度约半寸，然后再在泥壁上涂上一层薄如蛋壳的石灰面，打磨光滑作底。作画时先用赭红色打底，也有用淡墨线打底的。所用颜料大都是粉质的，不透明，层层涂绘，最后再用色或墨线描绘一层就完成了。壁画所用颜料有烟炱、高岭土、赭石、石青、石绿、朱砂、铅粉、铅丹、靛青、栀黄、红花（胭脂）等十几种。其中石青、石绿、朱砂、赭石等为矿石颜料，不易变色，唯赭石颜色略为变深；但含铅的颜料却往往因氧化由白变黑。所以，莫高窟早期的壁画至今颜色多已变得暗淡、浓厚。这种虽已非当年本色的壁画，却也另有一番魅力。

莫高窟的壁画内容十分丰富，且在每一个石窟中大体上都有一个整体布局。一般说来，四壁的中间即人们平视的最佳部位，画佛像和主题故事画，这些画的下边是小身的供养人即出资造窟者的画像；四壁上端绕窟画天宫伎乐，比如我们所熟悉的飞天，是在佛说法时，在旁边飞来飞去制造气氛的一种角色；壁画中部的空隙处则布满千佛；窟顶画装饰性图案和平棋、藻井。北凉和北朝时期洞窟内的壁画是为禅僧们修习禅定和善男信女巡礼瞻仰用的，主要内容有佛说法图、佛传故事和佛本生故事。其中佛本生故事画最为引人注目。

所谓佛本生故事画，指的是追溯佛前生的故事，这当然用的都是佛教的概念了。佛教认为佛是有前生的，因为按照佛教的说法，凡是有生命的东西，都会永远像车轮一样，六道轮回。这六道就是在地狱、饿鬼、畜生、阿修罗、人间、天堂六个范围内转化。按佛教的说法，佛在成佛之前也是有轮回的，佛教里专门有一部经，即《佛本生经》，记载了佛的各种前生。但是这个《佛本生经》，根据学者的研究，它是把印度的民间传说和婆罗门教的传说撮合起来，编的这么一部经。莫高窟的佛本生故事画最典型的有第275窟"尸毗王本生"、第254窟"萨埵饲虎本生"和带有寓言色彩的第257窟"九色鹿拯救溺人本生"。

隋代以后，本生故事画逐渐衰落，经变画日益增多，并逐渐丰富起来。一般说来，一切以佛经为依据的壁画，都可以称为经变或变相。但人们为了研究的方便，只把按一部经绘成一幅画的巨型结构称为经变。经变在隋以前已经出现，但在隋代内容开始丰富起来，结构也趋于宏伟。随着大乘佛教思想在敦煌的流行，大乘经变在莫高窟也不断出现。隋代经变除去图解抽象的教义，还包含一些故事情节的描绘，画面结构上也适应新的内容创造出了新的形式。到唐代就发展成为鸿篇巨制，演变为中国式的大型经变。如第220窟南壁的贞观十六年（642）阿弥陀经变（西方净土变）。这一幅画有上百个人，有很多内容，但中心是佛说法图。唐代处理这种巨型的图像，不但有一个整体的设计，局部也很细腻，阿弥陀经变里的菩萨，都是很美的。唐代洞窟中还有药师经变、弥勒下生经变等多种经变。

唐晚期以后，壁画出现程式化趋向，供养人像的地位逐渐重要起来。位于第156窟南北两壁下部并延展到东壁下部的《张议潮夫妇出行图》是莫高窟供养人画像中最杰出的作品。宋代壁画的精品是绘在第61窟西壁的通幅《五台山图》。元代的敦煌壁画以密教题材为主，其中的欢喜金刚和千手千眼观音水平也很高，有的壁画在线描方面也很有成就。

2. 敦煌藏经洞与敦煌文献

宋元以后，莫高窟逐渐衰落，不再为世人所知。19世纪末，一个名叫王园禄的道士来到了莫高窟。1900年的6月22日，王道士在敦煌莫高窟第16窟（现编号为17窟）甬道北壁偶然发现

阿弥陀经变
(第220窟,段文杰主编《中国敦煌壁画全集5》,天津人民美术出版社2006年版)

了一个一丈见方、六尺多高的复洞。洞内重重叠叠堆满了从十六国到北宋时期的经卷和文书，这批古代文献在7万件以上，多数为手写本，也有极少量雕版印刷品和拓本。

雕版印刷至少在唐代已经发明了。可惜早期的雕版印刷品大多没有保存下来。敦煌遗书中保存了数十件雕版印刷品，就成为世界上现存最早的印刷品的一部分。其中最著名的唐咸通九年（868）《金刚经》，是世界上现存最早的标有年代的雕版印刷品，现收藏在英国国家图书馆。拓碑技术出现得更早，但早期的拓本也未能保存下来。而敦煌遗书中保存的数件唐碑拓本也就成了现知世界上最早的传世拓本。其中包括唐太宗书写的《温泉铭》、欧阳询书写的《化度寺邕禅师塔铭》和柳公权书写的《金刚经》等碑的拓本。

敦煌遗书的装帧形态多样，几乎包括了古书的各种装帧形式，但绝大多数是卷轴装。卷轴装也称卷子装，是纸质书籍和文书出现后流行时间很长、普及地域很广的一种装帧形式。卷轴装之外，还有从印度传来的梵夹装。因为经文是梵文，上下有两块夹板，所以被称为梵夹装。敦煌遗书中的梵夹装，是仿制的，或者说是有所改变的梵夹装。第一个改变是经文不再是写在贝叶上，而是写在纸上；第二个改变是经文多数是用中文书写的。此外，敦煌遗书中还保存了经折装、旋风装、蝴蝶装、包背装、线装等装帧样式，堪称古籍装帧形态的博物馆。

敦煌遗书的文字以汉文为主，但也保存了不少古代胡人使用的胡语文献。在这类文献中，以吐蕃文为最多。吐蕃文又称古藏文，是唐五代时期吐蕃人使用的文字。由于吐蕃人曾在公元786年至公元848年管辖敦煌，其间曾在敦煌推行吐蕃制度和吐蕃语言文字，所以敦煌藏经洞中也保存了一大批吐蕃文文献，有8000多件。这批文献对研究吐蕃史、敦煌史以及当时西北地区的民族变动都具有重要价值。敦煌遗书中的第二种胡语文献是回鹘文。回鹘文是古代回鹘人使用的文字，又称回纥文。在唐宋时期，回鹘人曾在敦煌历史上起过重要作用。自唐晚期以后，敦煌东边的甘州、肃州和西边的西州都曾有回鹘人建立的政权，在敦煌地区也有回鹘居民。由于以上原因，在敦煌藏经洞中，也保存了50多件回鹘文文书。这些文书的内容包括书信、账目和佛教文献，对研究回鹘的历史和文化具有重要价值。此外，敦煌遗书中还保存了少量的于阗文、粟特文和梵文，都对研究古代的民族关系和中外交往具有重要价值。

目前所知年代最早的敦煌遗书是后凉王相高所写的《维摩诘经》，在公元393年（后凉麟嘉五年），这件文书现在收藏在上海博物馆。年代最晚的是公元1002年（宋咸平五年）敦煌王曹宗寿题记，这件文书收藏在位于圣彼得堡的俄罗斯科学院东方文献研究所。从公元393年到公元1002年，时间跨度达600多年，多数敦煌遗书的创作或抄写年代在唐后期五代宋初。

就内容来说，敦煌遗书可以说是包罗万象，但因为是佛教寺院藏书，所以收藏最多的是佛教典籍，占90%左右。其中有很多

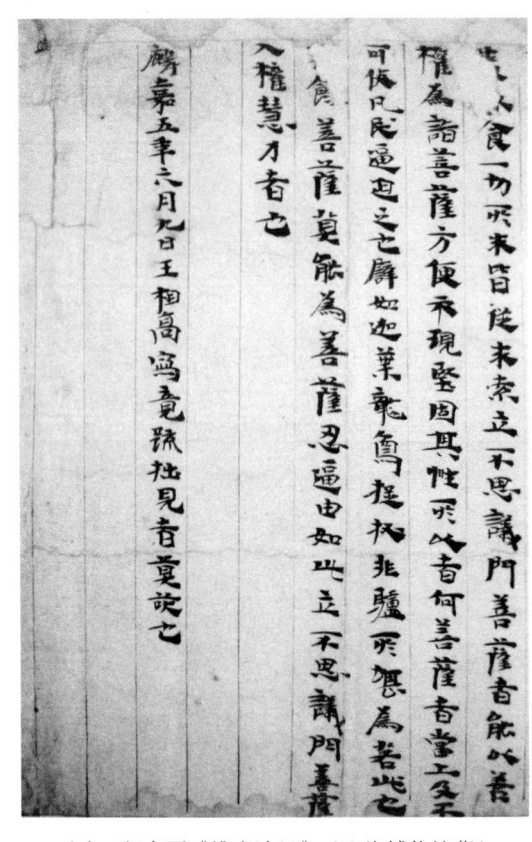

后凉王相高写《维摩诘经》（上海博物馆藏）

是历代大藏经收录的传世佛经，如《大般若波罗蜜多经》《金刚般若波罗蜜多经》《妙法莲华经》《金光明最胜王经》《维摩诘所说经》《大乘无量寿经》等。以上经卷虽有传世本存在，但由于敦煌遗书抄写年代较早，仍然具有重要的校勘价值和文物价值。

敦煌遗书中还保存了很多传世大藏经中所没有的佛教典籍。这些"逸经"和未入藏的佛教典籍具有更高的文献价值和研究价值。其中最重要的是保存了一批古逸经疏，如《金刚经》《法华经》和《维摩诘经》的注疏就有130多种、530多件。这些经疏是中国佛教徒对佛教的理解，因此可以真实具体地反映古代中国佛教的特点。

佛教文献以外，还有道教典籍、景教（基督教）典籍和摩尼教典籍。敦煌文献中共保存了800多件道经及相关文书抄本，被考定或拟定的经名约有170种、230多卷。其中《正统道藏》未收的有80多种，《道藏》本残缺而敦煌本可补缺的有18种、30多卷。有超过半数的敦煌道教文献不见于传世的《道藏》。还有20种被《道藏阙经目录》著录，是毁于元代焚经的唐代《道藏》所收经书。其中最引人注目的是《老子道德经想尔注》的重新发现，该件虽为残本，但保存了该书第三章至三十七章的经文和注释，为道教史研究提供了新资料，并揭示了道教经教化的另一条途径。《尊经》《大秦景教三威蒙度赞》《大秦景教宣元本经》等景教文献和《摩尼光佛教法仪略》《下部赞》等摩尼教文献，则为研究古代景教、摩尼教的流传提供了重要资料。

宗教文献以外的文书，虽然总量不大，只占10%左右，但内容很丰富，涉及古代历史、地理、社会、民族、语言、文学、美术、音乐、舞蹈、天文、历法、数学、医学、体育等诸多方面，很多都是不见于正史的第一手资料。

历史方面，敦煌遗书中保存了制书、敕书、告身等公文书，律、令、格、式等法律文书，户籍、差科簿等赋役文书和买卖、借贷、雇佣、租佃等契约文书。这些资料对于了解中国古代的政治和经济情况都具有极为重要的价值。如"景云二年（711）赐沙州刺史能昌仁敕"，是唐代"论事敕书"的原本，存文字8行，文书上钤有"中书省之印"，中间顶天立地的大"敕"字格外引人注目，这件文书已经成了敦煌文书的标志性符号。依据此件，参考其他文献，可以大致了解"论事敕书"从起草到下发的复杂过程。又如"开元水部式"，详细规定了唐朝对水渠、桥梁的管理制度和各级官府的相关职责，不仅为了解唐代的水利管理制度提供了珍贵资料，还可据之纠正《唐六典》《旧唐书》《新唐书》相关记载的错误。同时，也使我们对唐"式"的内容和形式都有了具体的了解，为从唐代文献中搜集其他唐"式"条文提供了文本样板。

敦煌遗书中保存的社会史资料主要有氏族谱、书仪、社邑文书和寺院文书。氏族谱是记录古代世家大姓的资料；书仪是古人写信的程式和范文，也包括不少对当时礼仪和习俗的规定；社邑文书是古代民间结社的具体资料；寺院文书则记录了唐五代宋初敦煌僧团生活及其与社会的联系等诸多方面的内容。这些资料具体地反映了古代生活的真实情况。如关于古代寺院和僧人的生活，依据传世佛教经律和相关记载，古代寺院应是一个基本生活单位，僧尼过的是全部居住在寺院之内并由寺院供食的集体生活。但敦煌寺院文书却为我们展示了另一幅寺院和僧尼生活的图景。一是一部分僧尼并不住在寺内，而是住在寺外的俗家。二是住在寺内的僧尼也是过着单吃单住的个体生活。

敦煌遗书中保存的文学作品，以俗文学资料最引人注目，包括讲经文、因缘、变文、话本、词文、故事赋、诗话等。对这些俗文学作品的研究可以说在很大程度上改写了中国古代文学史。如对敦煌变文、讲经文等文学资料的研究，就解决了鼓子词、诸宫调、词话、宝卷等后代流行的民间讲唱文学的来源问题。

以上介绍表明，不论从数量、时间跨度还是文化内涵来看，敦煌遗书的发现都可以说是20世纪我国最重要的文化发现。即使在世界范围内，也是独一无二的文化宝藏。

敦煌石窟和敦煌遗书之外，敦煌地区保存的历史遗存还有很多，比如像阳关和玉门关遗址，以及陆续出土的两万五千多枚汉晋简牍，都是具有重要文物价值和研究价值的古代文化遗产。

三、古代敦煌的历史特点

首先，古代敦煌是丝绸之路上的一个以中转贸易为特征的商业城市。

古代的丝绸之路，是中西经济文化交流之路。早在汉代，这条道路就已经行旅不断，其中最著名的当属张骞两次通使西域。张骞以后，汉朝派到西域去的使臣，每年多则十几批，少则五六批。每批大的几百人，小的百余人。这些使团每次都携带内地的物品到西域去贸易，所以使者队伍实际上也是商队。同时，西域的使者和胡商也经常来往内地。正是通过敦煌这个中西交通的咽喉，中原地区的丝织品和金属工具被大量输送到西域。汉族的先进生产技术，如铸铁、凿井（包括井渠）、建筑技能等，也经由敦煌传入西域和中亚，促进了当地经济的发展和社会的进步。

与此同时，西域的葡萄、石榴、苜蓿、胡豆、胡麻、胡瓜、胡蒜、胡桃等植物，也陆续经由敦煌向东移植；中亚的毛布、毛毡，以及汗血马、骆驼等各种珍禽异兽，也源源东来，从而丰富了我国人民的经济生活。所以，如果没有丝绸之路的传播，我们现在的生活可能完全是另外一个样子。敦煌之所以能够成为商业城市，与三国时的地方官仓慈采取对商人的保护措施有关，吸引了西域各国商人纷纷前来，使敦煌成为胡汉交往的商业城市。

唐代政局稳定，经济繁荣，为中西友好往来和经济文化交流提供了良好条件。当时西域诸国的使者、西行求法和东来弘道的僧侣不断通过敦煌往来于中原与西域以及中国与印度、西亚之间。经济交流也空前活跃，在当时敦煌的集市上，有内地来的汉族商客，更有从中亚各国来的胡商。各地来的行商坐贾在敦煌从事着中原的丝绸和瓷器、西域的珍宝和当地的粮食等各种物品的交易，使这个自曹魏以来形成的商业城市更加繁华。宋元以后，海上丝绸之路逐渐成为中西交通的主要通道，随着陆上丝绸之路的衰落，敦煌在中西交通中的地位也日趋下降。

其次，古代敦煌还是中西文化交流的文化都会。

古代丝绸之路，还是中西文化交流之路。中西友好往来和文化交流的扩大，给敦煌带来了各种不同系统的文化，使其成为各种文化的汇聚之地。汉文化之外，发源于印度的佛教文化，在汉代经过敦煌传到中国。曹魏时期，已有僧人在敦煌传教的记载。西晋时期，高僧竺法护、竺法乘先后在敦煌从事译经和传教活动，竺法乘还建立了寺院，为敦煌在隋唐成为全国佛教圣地奠定了基础。北朝时期，佛教石窟艺术传入敦煌，而早期敦煌石窟艺术间接受到了希腊文化的影响。

到了唐代，敦煌的文化更加绚丽多彩。佛教之外，当时还有祆教（拜火教）的神祠、寺庙。在晚些时候的敦煌白画中，也有祆教尊奉的神的形象。唐前期敦煌还立有景教寺院，名为大秦寺，藏经洞中就保存了七种景教经典。此外，藏经洞中还发现了开元年间（713—741）写的摩尼教经典。这些都反映了中亚、西亚宗教在敦煌流传的情况。

在这个交汇着中国、希腊、印度、中亚、西亚等不同系统的文化都会中，汉文化自汉代以来就一直占据着主导地位。

敦煌地区的汉文化是汉武帝经营敦煌与河西时由移民和驻军带来的，并逐渐扎下根来，开花结果。东汉魏晋时，敦煌已出现张奂等一批全国知名的名儒。唐前期的沙州有许多传授汉文化的官私学校。当时沙州和唐王朝治下的其他地区一样,在敦煌城内州衙西三百步设有州学校。内有经学博士一人,助教一人,学生40人。州学之下,敦煌县设有县学校,设博士一人,助教一人。私学则包括私人学塾和寺学。官私学校均以孝敬父、师,忠君报国为主旨,所用教材则以儒家经典为主。敦煌文献中保存了如《尚书》《易经》《礼记》《论语》《孝经》《毛诗》《左传》《穀梁传》《文选》等儒家典籍和《千字文》《太公家教》《开蒙要训》《新集严父教》等启蒙读物,其中一些就是当时学校的教材。

正是由于汉文化始终在敦煌占据着主导、支配地位,才使这里虽然是各种文化交汇的文化都会,却又没有成为各种文化的杂烩。因为有雄厚的汉文化基础,才使敦煌与河西不仅是一条文化交流的河道,还是一个文化交流的枢纽站。各种不同系统的文化在这里停驻的过程中,一方面互相融汇,一方面又从当地的文化中汲取营养,然后以多少带有敦煌与河西地方特色的改变了的或发展了的形式,再从这里流向中原、青藏高原、蒙古高原,乃至西方。如唐代深受中原人民喜爱的名为《凉州词》《甘州》的软舞曲,实际上就是在河西地区经过改变的西域乐舞。

再次,古代敦煌还是一个多民族聚居的城市。

据史书记载,汉代以前,曾有乌孙、月氏和匈奴先后在敦煌地区活动。汉武帝将敦煌与河西纳入中原王朝的版图以后,通过移民和驻军等手段使汉族成为敦煌的主体民族。但因敦煌地处胡汉交接之地，所以，从汉至唐，汉族始终未能成为敦煌的单一民族。如在唐代，敦煌地区的居民有汉族、退浑（吐谷浑）、吐蕃、回鹘等。甚至中亚来的胡商也在敦煌建立了聚落，如敦煌城东的沙州十三个乡之一的从化乡，就是由以善于经商著称的中亚粟特人组成的。《沙州都督府图经》记述沙州西北一百一十里处有兴胡泊，就是因为胡商在经过玉门关时常在这里停驻而得名。唐后期以降，回鹘在敦煌的影响越来越大。至宋代，史书在记载敦煌入使中原时，有时是将以汉族为主体的归义军政权与回鹘并列的，足见当时回鹘在敦煌的势力之大。归义军政权退出历史舞台之后，汉族虽仍为敦煌地区的主要民族，但敦煌地方政权却长期掌握在回鹘和西夏人手中。元明时期，敦煌则是在蒙古人控制之下。

可见，在敦煌的历史发展过程中，羌人、乌孙、月氏、匈奴、汉族、突厥、吐蕃、吐谷浑、回鹘、粟特、西夏和蒙古等诸多民族都曾在这里轮番演出或同时登台，也正是由于我国历代各族人民不间断的努力，共同经营开发这块土地，才有了作为文化宝库的敦煌。

同时，敦煌的文化和民俗也就不可避免地具有明显的多民族特色。学者的研究表明，在吐蕃管辖敦煌时期，敦煌既使用汉语，也使用吐蕃语；既使用汉文，也使用吐蕃文。这样的民族文化景观，在中国的其他地方是很少见的。

最后，汉唐时期的敦煌文化还是具有国家级水平的地方文化。

汉唐时期的敦煌，是对全国具有重要战略意义的边防重镇。

由于军事上的重要性，中原王朝十分重视这一地区的经济和文化建设，使敦煌的经济和文化水平始终与内地相当。另一方面，由于敦煌是当时对外交往的窗口，是最早接触新事物和新文化的地区之一，在接受西方文化的影响方面有时还领先于中原地区。以佛教为论，在唐前期中外友好往来加强和文化交流扩大的背景下，唐前期的敦煌佛教，继续受到印度和西域佛教的影响，它能够从西方不断得到新的滋养。

由于敦煌能够及时从中原和西方两个方面吸收新鲜营养，所以，隋唐时期敦煌莫高窟的壁画和塑像，其艺术成就足以代表唐代，它不仅在当时不知震撼了多少人的心弦，就是直到今天，也仍然具有极大的艺术魅力。

五代至宋，敦煌地区的文化水平逐步降低，以敦煌石窟艺术为例，中原宋塑、宋画的写实风格和多姿多彩的绘画技巧，未能对同时期敦煌石窟艺术产生明显的影响，说明这时候内地的都城文化已经影响不到敦煌了。

总之，古代敦煌文化是中国古代传统文化的重要组成部分，由于它是一个对外交往的窗口，所以它又具有多种文化相互交流、相互融汇的特征。

四、敦煌文化遗产的价值

这个问题可以从两个方面加以说明，一是敦煌古代文化遗产的学术价值。

1900年敦煌藏经洞出土的7万多件敦煌遗书，对历史、宗教、社会、地理、民族、语言文字、文学等人文学科和天文、历法、算学、医学等自然学科都具有重要研究价值。而敦煌石窟中保存的精美雕塑和绘画，也是研究中国古代美术史、美学史和生产、生活诸多方面的重要图像资料。

与二十四史等传世典籍相比，敦煌文献多是原始档案，未经史家剪裁，保存了许多未被史家过滤掉的材料，这当然有助于我们全面地认识历史，因而对研究中国古代历史具有无可替代的价值。具体说来，其价值主要体现在以下几个方面：

第一，它为我们全面、深入、系统地考察中古时期的一个地区提供了相对充足的研究资料。与甲骨文和汉晋简牍等其他出土文献相比，敦煌文献具有以下特点。首先，它涉及的学科和方面较多。仅对历史学而言，就涉及政治、军事、经济、宗教、文化等领域的诸多方面。其次，每件文献所包含的内容也相对比较丰富。再次，它涉及的时间较长，自公元4世纪晚期至公元11世纪初，达6个多世纪。即使文献年代比较集中的公元8世纪中期至公元11世纪初期，亦达200多年。最后，全部文献都与敦煌地区有不同程度的关系或联系。就世界范围来看，具备以上条件的出土文献似也为数不多。如果我们依据这些资料对中古时期敦煌社会的各个角度、各个层面进行全方位的考察，其成果将为学术界认识中古社会的具体面貌提供一个模型或参照系，这当然有助于推进人们对中古时期社会的进一步认识。显然，对历史学而言，解剖敦煌这样一只麻雀，其意义会超出敦煌地区，而敦煌文献则为解剖这只麻雀提供了必要条件。

第二，敦煌文献为我们进一步研究公元9世纪中叶至公元11世纪初西北地区的民族史提供了大量原始资料。公元9世纪中叶至公元11世纪初，是我国西北地区民族发生大变动的时期。但传世史籍有关这方面的记载较少，很难据之进行深入系统的考察。敦煌文献中保存了一批反映这一时期民族情况的汉文、吐蕃文、回鹘文、于阗文、粟特文公私文书，为我们深入探讨西北地区民族变迁、各民族的政治经济文化状况与相互间的交往提供了可能。

第三，敦煌文献还为解决中国古代史上的一些重大问题提供了材料。古代的敦煌是中国的一个地区。所以，敦煌文献不仅对了解敦煌地区具有重要意义，其中的许多材料还反映了中原地区的一般情况。我国学者在利用这些材料方面也做了许多工作。如均田制即属中国古代史的重大问题，但在敦煌文献发现以前，对其实施情况的研究始终无法深入。我国学者主要依据对敦煌文献中有关材料的具体探讨，才为均田制实施与否的争论画上了圆满的句号，并对均田制的实质形成了新的认识。又如唐代法典有律、令、格、式，除了唐律保存了下来，令、格、式都佚失了，而敦煌文献中保存的令、格和式就为我们复原唐令、唐格和唐式，提供了依据。

第四，古代的敦煌是中国和世界接触的窗口。所以，敦煌文献中保存了不少反映中西经济文化交流的资料。我国学者利用这些资料探索中国与印度、中国与波斯等地的经济文化交流，探索丝绸之路的贸易等课题都取得了重要成果。但与敦煌文献中保存的这方面材料相比，还有许多工作可做。特别是在唐代，敦煌汇聚了中国、希腊、印度、中亚、西亚等不同系统的文化，这些在敦煌文献中都有不同程度的反映。站在中古时期世界文化交流的高度，全面系统地发掘敦煌文献中有关这方面的信息，将是21世纪的一项重大课题。

百年来，国内外学术界对这批文化遗产进行了深入系统的研究，在很大程度上改写了中国中古时期的历史。

二是敦煌古代文化遗产的当代价值。也可从两个方面略作说明。

第一，可以使公众领略古代中国处于世界领先时期的风采。敦煌古代文化遗产的主体是公元4世纪至11世纪的文化遗存。在这个时期，中国的内部曾经出现过很多问题。如南北朝时期的南北分裂、唐后期的藩镇割据、五代时期的战乱，等等。但和当时世界上的其他国家相比，中国仍然是世界上制度最先进、经济最发达、文化最兴盛的国度，科学技术也处于世界领先的地位。敦煌石窟艺术和敦煌遗书等文化遗产所展现的就是这样一个时期的社会风貌。

这一时期的社会风貌具有以下几个鲜明的特征：

1. 追求宏大和厚重的情怀。

这个特点以唐代的遗存表现最为鲜明。敦煌莫高窟仅有的两尊巨像，即第96窟高达33米的北大像和第130窟高达26米的南大像，分别兴建于武周延载二年（695）和唐开元年间（713—741）。同一时期，在敦煌以外的地区，也出现了巨型佛像，如始建于开元年间的四川乐山嘉定大佛（高达71米）等，这当然不是偶然的巧合。这种时代风貌在敦煌壁画上的表现，就是一部经画满一壁的巨型经变的出现。如莫高窟第220窟南壁的贞观十六年（642）阿弥陀经变（西方净土变），以阿弥陀佛为中心，场面宏大，色彩绚丽，有大小人物近百人。这些鸿篇巨制不仅可使公众充分领略唐代匠师处理巨型题材的惊人能力和气魄，也以具体的形象展示了强盛的大唐王朝的雄伟风姿。

2. 女性处于开放和张扬的时代。

从敦煌遗书和其他相关记载来看，北朝、隋唐时期女性的社会地位相对较高，社会风气也相对比较开放。敦煌遗书中保存了十余件离婚协议书（放妻书）样式，从这些材料来看，当时协议离婚的原因既有"不敬翁家"（见P.3212背"夫妻相别书"样式），也有"不和"（见P.3730背"放妻书"、S.6537背"放妻书"样式）、"不悦"（见S.5578"放妻书"、S.6537背"放妻书"样式）等因由。"不敬翁家"属于古代可以休弃妻子的"七出"之一，即"不事舅姑"。而"不和"和"不悦"不见于"七出"，应属双方情意不和，即感情不和。说明当时女子离婚再嫁都很自由，甚至可以因感情不和而协议离婚，不像宋代以后那样讲究贞节。

北朝时期的石刻题记和唐代的敦煌遗书还记载当时的女子可以结成社团从事社会活动。如 S.527"后周显德六年（959）正月三日女人社再立条件"，就记载了由 15 个女人自愿结成的社团，从事丧葬互助和佛事活动。另，敦煌遗书 S.4705 记载敦煌的女子在寒食节以足踏地，连臂成行，边踏边歌。这都说明当时的女性，并非大门不出、二门不迈，而是可以自由地在大门外的社会上行走，从事各种社交活动，甚至节日期间可以在公开场合跳集体舞。中国古代仅有的两个女皇，一个武周皇帝武则天，一个农民起义的女皇陈硕真，都产生于唐代，应是当时女人社会地位较高的具体反映。以上事例表明，北朝、隋唐时期女性的社会地位和活动范围，和宋以后的记述差别很大。

3. 对外来文化持开放和包容的态度。

刚才已经说到，在唐前期的敦煌文化中，占主导地位的是汉文化，但外来的佛教和祆教（拜火教）、景教和摩尼教都曾在敦煌流行。

就敦煌石窟艺术而言，无论壁画还是塑像，中西文化交融的事例都数不胜数。因为敦煌石窟艺术是一种宣传佛教思想的文化艺术，这种佛教艺术与佛教一样发祥于印度。所以，它受到印度文化的影响，是很自然的事情。早期敦煌石窟艺术在内容结构、人物造型、绘画技法和衣冠服饰等方面，都具有中西结合的特征。

如敦煌莫高窟第272窟西壁的壁画，既采用了传自印度的"天竺画法"，也使用了承自汉晋壁画的传统汉地线描；其人物的衣冠服饰混杂了印度、波斯的装束，但其顶部的藻井，却是模仿我国古代建筑顶部的装饰。

总之，唐前期的敦煌汇聚了中国、印度、中亚、西亚、希腊等不同系统的宗教、文化、艺术。那时因为我们制度先进、文化发达，所以我们就有海纳百川的气度与胸襟。

中古时期的敦煌古代文化可以让我们真切地感受到中华民族处于领先时期充满活力的脉动。

在实现中华民族伟大复兴的过程中，文化复兴的重要内容就是传承古代优秀传统文化。而传承古代优秀传统文化的前提就是要深入了解古代的历史文明。了解中国古代文化，主要是通过学习古代的经典文本、阅读史籍和欣赏古代的文化遗存。与阅读文字资料相比，欣赏古代文化遗存具有更生动、更具体、更直观的特征。

精美的古代敦煌文书和敦煌石窟艺术遗存等敦煌文化遗产都具有资料和文物双重价值，是我国古代优秀传统文化的具体载体。那些楚楚动人的菩萨、勇猛刚毅的天王、精美绝伦的绢画和令人叹为观止的精致古代文书等，至今仍有震撼人心的魅力，向我们诉说着先人曾经创造的辉煌。这些都是对广大人民群众特别是青少年进行爱国主义教育的优秀教材，具有无可替代的价值。

第二，可以获得宝贵的启示和创新灵感。对敦煌古代文化遗产进行深入的研究，可以使我们获得很多宝贵的启示。如学术界通过对敦煌写本长期深入的研究，揭示了很多敦煌写本具有个性特征。这类具有个性特征的写本，是个人使用的、具有笔记本性质的文本。这类文本往往内容庞杂，与印刷术流行以后的印本书籍差异很大。如果用印本时代形成的认知模式来看待这些具有个性特征的写本，就很可能在无意中将其个体特征默认为一般现象，也容易对这类文本的内容产生误读和困惑。这个事例提示我们，用近现代的知识体系和思维模式解读古代文本，有时也会因时代的局限而产生盲区。

欣赏敦煌古代文明成果，还可以激发当代人的创新灵感，创作出新的精神文明和物质文明成果。如我国的舞蹈工作者在借鉴敦煌壁画中之乐舞图像的基础上，创作出了敦煌舞，并形成了敦煌舞派，饮誉中外的舞剧《丝路花雨》就是敦煌舞派的代表作。在音乐界，也已有人依据敦煌壁画中的乐器资料，尝试复原带有敦煌特色的古代乐器。

国内外美术工作者对敦煌石窟艺术的借鉴由来已久，临摹敦煌的彩塑和壁画是很多美术学院国画专业学生的必修课程，以敦煌石窟为代表的古代石窟艺术是滋养中国美术人才的重要土壤。现在已有美术家尝试在借鉴敦煌壁画的基础上创作带有敦煌特色的美术作品。如画家张大千，曾在敦煌长期临摹壁画。经过敦煌艺术的熏陶，他在人物画方面有了新的风格。由于对色彩的领悟，张大千在山水画、花鸟画上采用极为大胆的泼墨泼彩法，尤其在其晚年的作品中，已经把敦煌壁画中那种恢弘的气度和绚烂的色彩自由地运用其中。潘絜兹曾长期从事敦煌壁画的临摹和研究工作。他创作的《石窟艺术的创造者》，便是直接以他在敦煌石窟临摹的切身感受而画出的。董希文也曾在敦煌学习、临摹壁画。他钟情于西部少数民族风情，画过很多表现少数民族的作品，如《哈萨克牧羊女》，除了构图和人物形态等方面体现出敦煌艺术的特色，飘起的头巾以及衣服的裙摆，都可使人感受到敦煌壁画中人物造型的特征。油画巨制《开国大典》，不论近景中的人物布局、远景中的空间安排，还是色彩明暗的对比等等，都可以感受到敦煌艺术给予画家的深刻影响。此外，曾在敦煌工作过的常沙娜，在设计人民大会堂、民族文化宫等建筑的装饰方面，充分利用敦煌壁画中的元素来创作，形成了富有民族精神的工艺装饰。长期在敦煌工作的雕塑家孙纪元、何鄂等，也在后来的创作中表现出极大的优势，如孙纪元的雕塑《瑞雪》、何鄂的雕塑《黄河母亲》等作品，都是既具有深厚传统精神又富有时代感的作品。

敦煌莫高窟的窟顶壁画保存了大量的图案图像资料，这些图案大多色彩鲜艳、精美绝伦，融合了中西文化元素，对当今的图案设计也有重要借鉴价值。

敦煌遗书以写本居多，7万多件自公元4世纪至11世纪的写本都是古代书法的标本，包括隶书、行书、楷书、草书，很多写本的书法具有很高艺术价值。欣赏和研究这些古代写本，相信对当代的书法创作亦有助益。

总之，在借鉴古代敦煌文化遗产推陈出新方面，还有很大的潜力。无论是文学工作者、美术工作者，还是音乐舞蹈工作者，乃至建筑学家、书法家、医学家，都可以从丰富的敦煌文化遗产中汲取营养，并据以创造出新的成果。

当前，我国提出共建"一带一路"倡议，深入研究敦煌古代文化遗产，也可为此提供历史借鉴。

敦煌文化遗存本来就是古代丝绸之路的产物。如果把古代的丝绸之路看作经济、文化交流的网络，这个网络经由的城镇就像一颗颗珍珠，由于敦煌位居丝绸之路的咽喉，所以它是丝绸之路上最耀眼的一颗明珠。敦煌石窟和藏经洞文书中保存了很多古代丝绸之路沿线国家的资料，记录了古代中国对外交往的历史。对这些资料进行深入研究，总结古代丝路沿线国家交往的经验和教训，可以为共建"一带一路"提供有价值的背景资料和有益的历史借鉴。

五、敦煌学的历史和未来

敦煌学的兴起，始于1909年中、法、日等国学者对敦煌遗书的研究。以后研究领域不断扩大，至今已发展成为一门新兴交叉学科。这门学科以敦煌遗书、敦煌石窟艺术、敦煌史迹和敦煌学理论等为主要研究对象，包括上述研究对象所涉及的历史、地理、社会、哲学、宗教、考古、艺术、语言、文学、民族、音乐、舞蹈、建筑、科技等诸多学科。应该说明,敦煌学不是其所涉及那十几个学科的简单综合,更不是把它所涉及的那十几个学科的全部内容统统包揽收容,变成一个多种学科的联合体。敦煌是敦煌学的特定空间范围,是敦煌学区别于其他学科的特点和标志。如历史学是一门独立的学科,从整体上看,这门学科不属于敦煌学。但如果用敦煌出土的资料或研究敦煌地区古代的历史问题,就属于敦煌学的范围;当然,用敦煌出土的资料或研究敦煌地区的古代历史问题也仍然属于历史学的范围。这样,敦煌学就与历史学产生了交叉。其他如宗教、语言、文学等学科的情况可依此类推。所以,敦煌学是由与敦煌有关的诸多学科的相关部分组成的集合体。

自1909年至今,敦煌学已经走过了一百多年的历程,可以大致划分为四个阶段,1909年至1949年为第一阶段,1949年至1978年改革开放前为第二阶段,1978年改革开放后至2000年为第三阶段,2001年至今为第四阶段。第一阶段可以1930年为界分为两个时期。1909年至1930年为第一个时期,这是敦煌学兴起的时期。1930年前后,在中、日、法、英等国,对敦煌文献的整理和研究已成为一种新的学术潮流,并逐渐发展为一种专门的学问。1931年至1949年是第二个时期。这一时期的重要特点是我国学者到国外调查敦煌文献的增多了,这使得我国学者所接触的敦煌文献大为增多,他们所介绍的敦煌文献的范围也比前一时期广泛得多。在此基础上,他们将归义军政治史的研究范围扩大到了西北各民族变迁史的广阔领域，开展了对金山国史的专题研究，对宗教史的研究也开辟了新的领域，对古代典籍和社会经济文献的整理和研究则更加系统化，开始出现按类或按专题搜集资料进行整理的趋向。在研究方法上，这一阶段创造的用文学体裁的文书研究历史问题和将利用文书与实地踏勘相结合等新方法都对以后的研究产生了深远的影响。敦煌文献之外，这一时期我国学者对敦煌石窟的考察和研究不仅在世界上居于领先地位，同时扩大了敦煌学的研究领域。

第二阶段（1949—1978）也可以1966年"文化大革命"开始划分为两个时期。前一时期研究的重心在大陆（内地），后一时期研究重心转移到了台港地区。自1949年至1966年"文化大革命"开始是我国敦煌学稳步发展时期，取得了令世人瞩目的成就。首先是陆续推出了一批如《敦煌变文集》《敦煌遗书总目索引》等带有总结性质的著作。其次，开辟了很多新的课题和研究领域。如科学院历史所对敦煌经济资料的辑录、王重民用敦煌诗补《全唐诗》、潘重规对敦煌赋的辑录、饶宗颐对敦煌白画的专题研究等。再次，有一些领域和专题开始得到学术界关注。如宿白用考古学方法对敦煌石窟及莫高窟营建史的研究、梁思成对敦煌壁画中古代建筑图像的研究、马继兴对敦煌医药文书的研究、常书鸿对敦煌壁画图案的研究、金维诺对佛教史迹画的研究等。这一时期的成就为改革开放以后我国敦煌学的腾飞奠定了坚实的基础。1966年"文化大革命"开始至1978年改革开放前是第二个时期。

这一时期，大陆（内地）的敦煌学研究基本陷于停顿，台港地区学者却加快了研究步伐，他们所取得的成绩也就更加引人注目。

第三阶段（1978—2000）是我国敦煌学的快速发展时期。在改革开放之初，由于"文化大革命"的影响，我国的敦煌学研究落后于国外。当时有"敦煌在中国，敦煌学在日本"的说法，激励我国老中青三代敦煌学人焚膏继晷，奋起直追。自1978年改革开放至2000年这20多年，内地（大陆）老中青三代学人与港台地区的敦煌学研究者比翼齐飞，在各种刊物上发表的论文数以千计，各种著作在数百部以上，不仅在敦煌学的各主要领域取得了国际领先的业绩，敦煌学的研究队伍也不断壮大，并培养出了一大批中青年研究人才。这批中青年学者已经在某一学科、某一领域或某一专题有所建树，这是我国敦煌学兴旺发达的希望所在。第三阶段我国学者取得的最重要的成就是基本完成了敦煌文献原材料的公布工作。编纂出版了《英藏敦煌文献》《俄藏敦煌文献》《法藏敦煌西域文献》《甘肃藏敦煌文献》《浙藏敦煌文献》等大型文献图集。这些文字清晰的文书图版为国内外研究者提供了极大的方便。与此同时，中国学者在对敦煌文书进行整理和研究方面也取得了巨大的成就，至20世纪末，中国学者完成的分类释录文本已经涵盖了敦煌遗书的所有重要类别，并在敦煌学研究的各个重要领域都推出了总结性的或开创性的论著。可以毫不夸张地说，国际敦煌学的多数前沿制高点都被我国学者占据了，完全掌握了国际敦煌学的主导权和话语权。

第四阶段（2001年至今）是我国敦煌学开始转型的阶段。进入21世纪以后，如何在20世纪研究的基础上将敦煌学研究进一步推向深入，成为国际敦煌学界关注的热点议题。敦煌学国际联络委员会在策划2006年的敦煌学国际学术研讨会时，将"转型期的敦煌学——继承与发展"确定为会议的主题，正式提出了敦煌学在新世纪的转型问题，并确定转型包括继承与发展两个方面。2006年9月7日至11日，"转型期的敦煌学——继承与发展"国际学术研讨会在南京师范大学顺利召开。这次会议的主题就是讨论如何努力改变过去比较零碎的研究敦煌文献资料的状况，在宏观把握敦煌文献的基础上，实现敦煌学的创新与转型。这次会议的论文结集出版，名为《转型期的敦煌学》。其后，2010年甘肃人民出版社出版了颜廷亮主编的《转型期的敦煌语言文学》，此书是纪念周绍良先生仙逝三周年学术研讨会论文集，但书名的确定说明敦煌语言文学界也认识到了在新世纪敦煌学的研究需要转型。虽然以上两本论文集所收的论文仍以传统题目为多，但两书的书名说明敦煌学界已经认识到在新世纪敦煌学必须实现转型。即使到了今天，从选题来看，敦煌学的研究也还是以传统题目和传统方法、范式为主，敦煌学的转型仍然任重道远。但转型的呼声毕竟出现了，而且越来越强，也出现了一批转型的成果，如写本学、博物学和知识传承等研究都可以看作是转型的结果。

从以上简要回顾可以看出，敦煌学从一开始就是一门国际性学问，虽然中国学者在其中的贡献最大，但世界各国学者也一直是敦煌学兴起、兴盛和发展的重要方面军。敦煌古代文化遗产是我们祖先创造的,毫无疑问她应该属于中国,我们中国人有义务和责任对其进行保护和研究。而且,我们的研究应该更深入一些,更好一些,这样才不辜负我们的先民。但古代敦煌文化遗产同时也是人类文化遗产,所以我们也应该欢迎世界各国学者对其进行研究。这才是一个具有优秀传统文化的民族应该具有的博大胸怀。虽然我们已在敦煌学的诸多领域走在了世界前列,但"他山之石,可以攻玉",国外学者的研究在方法和研究视角方面仍然可以给我们很多启发。基于以上认识,作为国际显学的敦煌学当然应该属于世界。

最近40多年来,中国的敦煌学取得了举世公认的成就,完全改变了敦煌在中国、敦煌学在国外的局面。所以现在更应该倡导敦煌在中国、敦煌学在世界,大力推动各国学者开展敦煌学的研究。而今,中国的敦煌学早已与国际敦煌学融为一体,每年都有很多中国的敦煌学者到各国参加学术活动,我们也邀请世界各国的敦煌学者来中国访问和交流。中国的敦煌学者每年都要在国外和国内组织大型的国际学术研讨会,并到哈佛大学、耶鲁大学、普林斯顿大学、伦敦大学、法国远东学院和日本的东洋文库等国际知名大学和研究机构讲学。让我们感到欣慰和骄傲的是,全世界各国的敦煌学者有共同的话题和对话平台。我们和外国的敦煌学家是在同一对话平台和同一话语体系中进行平等的学术交流。

2019年8月19日,习近平总书记在敦煌研究院座谈时强调"要加强敦煌学研究"。而对"敦煌文献等重点古籍系统性保护整理出版",被列入了国家第十四个五年规划和2035年远景目标纲要。这些都表明了党和国家对敦煌学研究的重视和支持。我国敦煌学界应不辜负党和国家的期望,和世界各国学者一道,不断将国际敦煌学研究提高到新的水平。

(本文曾以访谈形式发表于《历史评论》2022年第6期,发表时多有删节,此为完整版。)

论敦煌学

一

长期以来,中国学者一直认为"敦煌学"一词是陈寅恪先生在1930年首先提出的。1989年,日本学者池田温在《敦煌学与日本人》[①]一文中,指出日本学者石滨纯太郎在1925年已使用"敦煌学"一词。池田先生并未直接否定中国学者的说法,只是委婉地指出在1930年以前,"敦煌学已经部分地使用了"。2000年,王冀青发表《论"敦煌学"一词的词源》一文,具体论证了石滨纯太郎使用"敦煌学"一词要早于陈寅恪。[②] 没有证据表明陈寅恪先生使用"敦煌学"一词是否受到了石滨纯太郎的影响,其实这个问题并不重要,重要的是经过陈先生振臂一呼,敦煌学才在

---

① 池田温《敦煌学与日本人》,1989年日文初刊,译文载《国际汉学》第1期,商务印书馆1995年版,第203—212页。
② 王冀青《论"敦煌学"一词的词源》,《敦煌学辑刊》2000年第2期,第110—132页。

我国学术界广泛流传开来，并激励几代中国学人投身敦煌学研究。所以，池田先生所说在 1930 年陈寅恪使用"敦煌学"之前，"敦煌学"一词只是"部分地使用"（在小范围内流传），也是事实。

如果从 1925 年算起，"敦煌学"一词已经流行了 85 年，以后还会不以人的意志为转移地继续流行下去。80 多年来，这个名词的内涵、性质都发生了很大变化。起初，敦煌学不过是指研究敦煌文献而形成的新的学问或新的学术潮流。以后其范围逐步扩大，学术积淀也日益深厚。20 世纪 80 年代以后，多数学者逐渐把敦煌学看作一门学科，同时有部分学者不同意把敦煌学当作一门学科，也有学者继续模糊地使用着"敦煌学"。

这样，我们可以把敦煌学分为两种不同属性的对象来进行讨论。一种是作为历史名词或历史概念的敦煌学，一种是作为学科概念的敦煌学。

作为一个历史名词或历史概念的敦煌学，其内涵具有不确定性，每个使用者在遵守命名学原则的基础上，都可以有自己的界定，每个读者也可以有自己的理解，可以见仁见智、人见人殊。对敦煌学而言，命名的原则就是它的空间范围必须限定在历史时期的敦煌，包括历史时期敦煌管辖的地区。如果某个地区曾经一度归敦煌管辖，这个地区在敦煌管辖的时间内可以划入敦煌学的范围。反之则不可。如果把历史时期不属于敦煌的地区划入敦煌学的范围，就违背了敦煌学因地名学的基本原则。所以，作为一个名词或历史概念的敦煌学也是有前提的，即它的空间范围不能跨越敦煌及其管辖地区。只有在这个前提下，使用者才可以对敦煌学各说各话。比如吐鲁番地区，历史上曾经隶属敦煌，在这样的时期吐鲁番地区当然可以划入敦煌学的范围。但在更长的历史时期吐鲁番地区并不隶属敦煌，包括吐鲁番文书所归属的主要时代。这样看来，把古代的吐鲁番地区和吐鲁番文书整体划入敦煌学的看法就值得重新考虑了。当然，把新疆、西藏甚至更远的地方划入敦煌学的范围就更缺乏依据了。

作为一门学科概念的敦煌学，与作为一个历史名词的敦煌学有很大区别，其内涵应该有更加明确和具体的规定，不仅要证明它能够满足一门学科概念所需要的基本条件，还要对反对者提出的理由作出合理的分析。

能否成为一门学科似需要满足以下三个基本条件：一是有无独立的研究对象；二是是否形成自成系统的知识体系；三是有无独特的理论和方法。

虽然具体表述可能有所不同，但敦煌学具有独立的研究对象似为学界共识，至少未见有人提出异议。

关于敦煌学的理论和方法，也有学者做过论述。据笔者所见，林家平、宁强、罗华庆在《试论敦煌学的概念、范围及其特点》一文中，最早提出"创立一套具有中国特色的敦煌学理论体系"，并指出探索敦煌学"各个领域之间的联系性和共同的规律性是建立敦煌学理论体系的重要方面"。[①]当然,在今天看来,对敦煌学理论还可以有更科学的表述。20世纪90年代以来,敦煌文献学方法或敦煌学方法也常被提及。如荣新江在《敦煌学十八讲》中指出,敦煌学的研究"逐渐概括出一些有系统的研究方法"[②]。从整体上看,我们对敦煌学的理论和方法还缺乏深入的研究,但敦煌学具有独特的理论和方法这样一个论断,亦未见有人提出异议。

看来,争论的焦点在于敦煌学是否自成系统的知识体系。1984年,周一良先生最早提出"敦煌资料是方面异常广泛、内容无限丰富的宝藏,而不是一门有系统成体系的学科"[③]。此后,反对敦煌学是一门学科的学者大多采用了周先生的说法。近年,涉及敦煌学性质的论著虽多认为敦煌学是一门学科,但均未直接回应周先生的观点和依据,形成各说各话的局面。

据笔者所见,直接回应周一良先生观点和依据的仍是上文提到的《试论敦煌学的概念、范围及其特点》一文。该文认为:"周一良先生等人的观点,比较多地强调了敦煌资料各部分之间的差异性,否定了这些资料本身是一个有机的整体。"敦煌"文物文

---

① 见《兰州学刊》1984年第1期,第75—76页。又见《中国敦煌学史》,北京语言学院出版社1992年版,第4—5页。
② 荣新江著《敦煌学十八讲》,北京大学出版社2001年版,第3页。
③ 周一良《〈敦煌遗书论文集〉序》,载王重民著《敦煌遗书论文集》,中华书局1984年版,第3页。周一良在《何谓"敦煌学"》(《文史知识》1985年第10期)一文中,对敦煌学有过类似表述。

献资料,大都产生于古代敦煌,共同的时空范围,使它们之间必然地存在着内在的联系。遗书与遗书之间、遗书与遗画以及佛窟之间、佛窟与佛窟之间、佛窟与墓葬以及建筑之间、遗书与古城遗址之间、木简与古碑以及遗书之间紧密交错地联系在一起,形成一个不可分割的有机体,比较全面而真实地反映着古代敦煌特有的历史风貌,同时也可窥见中国古代史、中西陆上交通史、中亚史的一些侧影"。[1] 以上论述重点强调了敦煌资料之间的联系,分析是深刻的,反驳也是有力的,但并未完全回应周先生的问题。周先生的问题是有理论预设的,即是以历史学、宗教学等依据内容分类的学科作为参照,提出敦煌学不是一门有系统、成体系的学科,而敦煌学的面貌确实与历史学、宗教学等学科不同,不解决这个问题,实际上还是没有正面回应周先生的观点。

以下谈谈我个人对敦煌学学科的认识。

二

总结以往有关敦煌学的各种表述,我对敦煌学试作如下界定,即敦煌学是以敦煌遗书、敦煌石窟艺术、敦煌史迹和敦煌学理论等为主要研究对象,包括上述研究对象所涉及的历史、地理、社会、哲学、宗教、考古、艺术、语言、文学、民族、音乐、舞蹈、建筑、科技等诸多学科的新兴交叉学科。

---

[1] 见《兰州学刊》1984年第1期,第74页。又见《中国敦煌学史》,第2—3页。

以上表述说明敦煌学的研究对象主要有四个方面：

1. 敦煌遗书。敦煌遗书是敦煌学的主要研究对象，也是使敦煌学成为一门学科的主要因素。其主体部分是1900年敦煌藏经洞出土的7万多件古写本和少量印本，也包括古敦煌郡范围内发现的少量纸本文书和典籍以及吐鲁番地区出土的敦煌文书。

2. 敦煌石窟艺术。包括古代敦煌郡、晋昌郡范围内就岩镌凿的敦煌莫高窟、西千佛洞、瓜州榆林窟、东千佛洞、水峡口下洞子石窟、肃北五个庙石窟、一个庙石窟和玉门昌马石窟等佛教石窟寺。其内容包括彩塑、壁画、题记和建筑等部分。

3. 敦煌史迹。包括敦煌古郡范围内的郡县、关址、长城、烽燧、塔寺、古墓葬、古代居住遗址，以及敦煌地区出土的汉晋简牍（1906年至今，敦煌地区先后出土了多批汉晋简牍）、文物、乡土文献等。

4. 敦煌学理论。包括敦煌学发展的历史、现状、研究方法以及关于这门学科的性质、概念、范围等问题的探索。

以上表述还指明了敦煌学的范围，即上述主要研究对象所涉及的十几个学科。

从学科命名的角度来看，敦煌学与历史学、宗教学等依据内容分类的学科不同，它的主体词"敦煌"二字不是学科名，而是地名。

首先应该说明：敦煌学不是其所涉及那十几个学科的简单综合，更不是把它所涉及的那十几个学科的全部内容统统包揽收容，

肃北五个庙石窟

变成一个多种学科的联合体。①

按现代学科分类，敦煌学的主要研究对象之一——敦煌遗书的内容不仅涉及宗教、历史、语言、文学、民族等文科的诸多学科，还涉及医学、数学、天文学等自然科学的一些学科。所以，多科性或多学科交叉是敦煌学的本质特征。②但是，敦煌学与我们一般所说的交叉学科也有明显的不同。一般所说的交叉学科是指不同学科在认识世界过程中，用不同的角度和方法为解决共同问题产生的学科交融，经过反复论证和试验而形成的新的学科领域。其核心和实质是两门以上不同学科的理论和方法相互渗透，渗透的目的是为了解决同一问题。③如化学与物理学交叉形成了物理化学和化学物理学，等等。而敦煌学的多学科交叉则只是不同学科的材料在同一地域空间（敦煌）的交叉。因为诸多不同学科的资料都是在敦煌发现的，所以敦煌也就成了敦煌学的特定空间范围，是敦煌学区别于其他学科的特点和标志。如历史学是一门独立的学科，从整体上看，这门学科不属于敦煌学。但如果用敦煌出土的资料或研究敦煌地区古代的历史问题，就属于敦煌学的范

---

① 李正宇著《敦煌学导论》第一章《绪论》认为敦煌学"是包容了诸多单体学科，兼有人文科学、自然科学及意识形态科学的特殊学科"。甘肃人民出版社2008年版，第1页。李并成主编《敦煌学教程》第一章也认为敦煌学"实际上是一门包括许多学科的群体性学问"。商务印书馆2007年版，第12页。

② 《中国敦煌学史》已指出敦煌学是"交叉学科。它不仅与其他相关学科部分地重叠交叉，而且敦煌学各部类之间也存在着交叉重叠关系"。见前引该书第6—7页。本文的论证角度与之不同。

③ 参看郑晓瑛《交叉学科的重要性及其发展》，《北京大学学报》（哲学社会科学版）2007年第3期，第143页。

围；当然，用敦煌出土的资料或研究敦煌地区的古代历史问题仍然属于历史学的范围。这样，敦煌学就与历史学产生了交叉。其他如宗教、语言、文学等学科的情况可依此类推。所以，敦煌学是由与敦煌有关的诸多学科的相关部分组成的集合体（见下图）。

因这个集合体与历史学、宗教学等单体学科面貌完全不同，所以，周一良先生等才认为敦煌学"不是有内在规律、成体系、有系统的一门科学"，希望"让它永远留在引号之中"。[①]

但是，敦煌学并不是简单集合体，而是有内在联系和规律、自成体系、自成系统的有独特理论和方法的集合体。

首先，敦煌学的研究对象虽然分为四个主要方面，但这些主要对象是以敦煌为空间范围的不可分割的整体。以敦煌遗书而论，就其内容来说虽然涉及许多学科，但这些遗书的主体部分出自同一洞窟，所以这些分属不同学科的资料同时又自成一个系统或体系。各类文书之间存在密切的内在联系，是反映当时民众生活不同侧面的断片。同时，敦煌遗书也是敦煌古代文化的组成部分，包括敦煌石窟遗存以及其他敦煌发现物和古遗址统统都是敦煌古代文化的一部分。敦煌出土文献和敦煌文化遗存是近代学科分类以前的产物，它们作为复合体混杂在一起是有其内在规律、自有其体系、自有其系统的。我们在对这些遗产进行分科整理和研究的同时，也应该尊重并认真对待敦煌文化遗产的原生形态。如果

---

① 周一良《何谓"敦煌学"》，《文史知识》1985年第10期，第55页；《魏晋南北朝史论集续编》，北京大学出版社1991年版，第300页。荣新江著《敦煌学十八讲》，第2页。

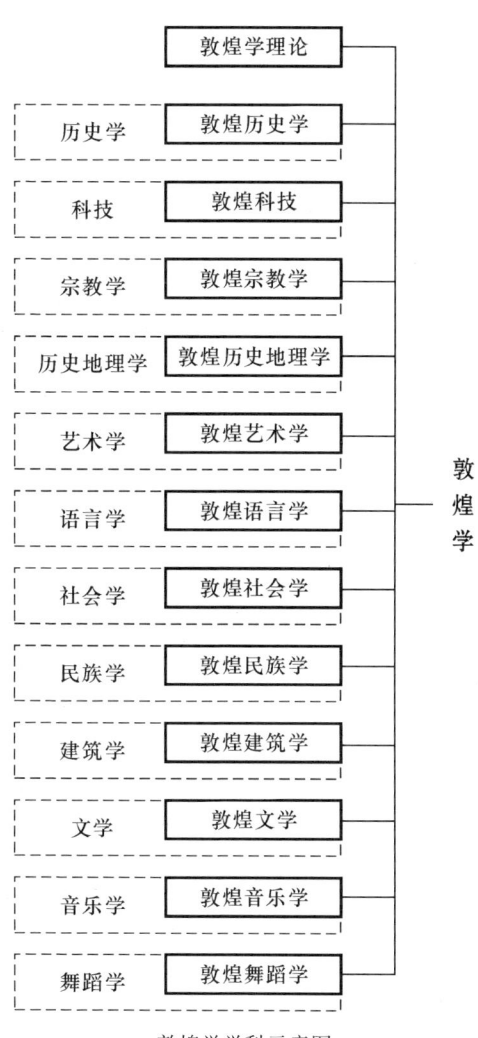

敦煌学学科示意图

我们把这些分属不同学科的资料当作整体来考察,从整体上把握它,这些分属不同学科的资料就成为了解当时民众的教育、民俗和社会生活的砖瓦。用这样的眼光来观察敦煌资料,各个学科的所有资料都可以是了解先民社会生活史的资料。长期以来,已有学者对敦煌学内部各个学科、各个领域之间的内在联系和共同规律进行了有益的探索。

其次,经过一百多年的积累,敦煌学已经形成了独特的理论和方法。

因为敦煌学的主要研究对象敦煌遗书的绝大部分为古写本,与传世印本文献性质不同,其中保存了很多的俗体字和异体字,还有不少写本使用河西方音。敦煌遗书只有经过特殊的文献学训练,才可能顺利地阅读、抄录和利用。这种通过多年整理敦煌遗书逐渐形成的敦煌学方法或敦煌文献学方法包括文字辨认、文字释录、文书辨伪等内容。

可见,敦煌学虽是由与敦煌有关的诸多学科的相关部分组成的集合体,但这个集合体是具有内在联系、具有独特理论和方法的有机集合体,是一门有内在规律、自成体系、自成系统的,由新材料发现而产生的新兴交叉学科。[1]

应该承认,敦煌学的学科面貌与历史学、宗教学等按门类发

---

[1] 季羡林先生在《敦煌学大辞典》的"敦煌学"词条中,主要依据敦煌学的研究对象,确定敦煌学是"一门新兴的""综合性的学科"。见季羡林主编《敦煌学大辞典》,上海辞书出版社1998年版,第17页。

展起来的学科确有不同。如上文所述，其实敦煌学与一般的交叉学科的面貌也不完全一样。但这都不能成为它是一门学科的障碍。因为学科的设置本来就是方便专门研究，其他含义都是学科体系建立以后不断附加上去的。而且，学科的设置原则一直是发展变化的，学科的内涵和目录也一直是不断调整的，目前我们国家的学科设置和组成至少两套体系（教育部的学科体系与国家社科基金的学科体系就不完全相同），而且是不断变化的。今年，教育部学位办将重新调整学科目录。在现有学科体系中，不仅是敦煌学，很多新兴的交叉学科和边缘学科都与老学科的面貌不同。一般情况下，新兴学科在开始时都是因为学科面貌不同得不到承认，以后逐步得到承认。所以，学科面貌不应该成为判断该学科是否为一门学科的标志。

敦煌学从一门学问发展为一门学科，和我国高等院校招收和培养相关方向的研究生并开设相关课程具有重要关系。20世纪80年代以来，北京大学、兰州大学、杭州大学（今浙江大学）、首都师范大学、西北师范大学等一批高校相继开设了有关敦煌学的课程，招收有关敦煌学的研究生。30多年来，不仅在敦煌学课程建设方面积累了丰富的经验，在人才培养方面也取得了巨大的成绩。目前活跃在敦煌学研究领域的学者基本上都是20世纪80年代以后各大学培养的博士或硕士研究生。在大学开设课程、招收研究生都会遇到把敦煌学放在哪里的问题，也就会促使人们思考敦煌学的定位和性质。

目前，在各大学的研究生招生目录和课程设置中，一般将敦煌学置于历史文献学之下。其实敦煌学的很多内容，如敦煌石窟艺术研究等，并非历史文献学所能容纳，恰当的方法是在历史学门类中单设敦煌学一级学科。即：

历史学门类下设四个一级学科：

1. 考古学

2. 中国史

3. 世界史

4. 敦煌学

敦煌学一级学科可考虑下设四个二级学科：

1. 敦煌文献学

2. 敦煌石窟艺术学

3. 敦煌史迹

4. 敦煌学理论

当然，以上设计只是初步方案，还可以进一步完善。如能将敦煌学纳入我国现有学科体系之中，相信可以促进这一学科的健康快速发展。

（本文最初发表于《光明日报》2011年2月17日，发表时有删节；完整版发表于黄正建主编《中国社会科学院敦煌学研究回顾与前瞻学术研讨会论文集》，上海古籍出版社2012年版。）

关于敦煌学之命名、内涵、性质及定义的探索历程

一、作为名词、术语和学科名的"敦煌学"

长期以来,中国学者一直认为"敦煌学"一词是陈寅恪先生在1930年首先提出的。他在《敦煌劫余录序》中指出:"一时代之学术,必有其新材料与新问题。取用此材料,以研求问题,则为此时代学术之新潮流……敦煌学者,今日世界学术之新潮流也。"[①]直到1989年,池田温先生在《敦煌学与日本人》一文中,指出日本学者石滨纯太郎在1925年已使用"敦煌学"一词[②]。2000年,王冀青先生用具体材料证实了池田温的说法[③],提出"敦

---

① 陈寅恪《敦煌劫余录序》,《中央研究院历史语言研究所集刊》1930年第1本第2分。
② 池田温《敦煌学与日本人》,1989年日文初刊;译文载《国际汉学》第1期,商务印书馆1995年版。
③ 王冀青《论"敦煌学"一词的词源》,《敦煌学辑刊》2000年第2期。

煌学"一词的首创权应该归于日本学者,而不是中国的陈寅恪。需要说明的是,石滨纯太郎虽然在1925年大阪怀德堂的夏期讲座上多次提到了"敦煌学",其讲座笔记亦被整理为《敦煌石室的遗书》单行本于同年出版。但因大阪并非当时日本的学术中心,而《敦煌石室的遗书》属于非卖品,印数很少。所以,石滨纯太郎的"首创"不仅在国际学术界影响不大,在日本也是知者寥寥。缘于这样的情况,我在2011年发表的《论敦煌学》一文中提出,没有证据表明陈寅恪先生使用"敦煌学"一词是否受到了石滨纯太郎的影响[1]。2014年,秦桦林在《"敦煌学"一词的术语化过程》一文中,提出石滨纯太郎和陈寅恪是分别独立地提出"敦煌学"一词[2],这应该是符合历史实际的判断。

秦桦林还对"敦煌学"作为名词和专业术语进行了区分。并认为敦煌学的术语化过程是在20世纪40年代主要由中国学者推动完成的。[3]

其实,不论是名词还是术语,陈寅恪先生所起的作用都是决定性的。第一,陈先生的《敦煌劫余录序》首先发表于《中央研究院历史语言研究所集刊》,该刊当时对国内外都具有很大影响。第二,《敦煌劫余录》作为北京图书馆(今中国国家图书馆)藏敦煌遗书的第一部馆藏目录,是国内外研究者了解敦煌遗书必须

---

[1] 郝春文《论敦煌学》,《光明日报》2011年2月17日第11版。
[2] 秦桦林《"敦煌学"一词的术语化过程》,《敦煌研究》2014年第6期。
[3] 秦桦林《"敦煌学"一词的术语化过程》。

参考的目录，而使用目录的人一般都会阅读陈《序》。三是陈寅恪先生在国内外学术界的名气远大于石滨纯太郎。所以，就时间先后而言，石滨纯太郎虽然在1925年就使用了"敦煌学"一词，但并未使该名词流行开来，因而仅具有掌故意义。陈先生创造的"敦煌学"比日本人晚了几年，但经其振臂一呼，遂使这一名词在中国学术界不胫而走，并激励几代中国人发奋从事斯学的研究。

实际上，直到20世纪80年代，多数研究者都是模糊地使用"敦煌学"一词，未遑探讨其内涵、性质及意义。最早把"敦煌学"当作学科名来探索的，是周一良先生。虽然周一良先生并不同意把敦煌学看作一个学科，但他是依据学科命名的理论来考察敦煌学的。这和以往的研究者模糊地使用敦煌学大不相同[1]。在此基础上，我在《论敦煌学》一文中正式把敦煌学区分为名词和学科名两个概念进行讨论[2]。

可见，"敦煌学"一词在敦煌学史上，曾以名词、专业术语和学科名三种形式存在。直到今天，仍然是多数学者逐渐把敦煌学看作一门学科，同时有部分学者不同意把敦煌学当作一门学科，也有学者继续模糊地使用着敦煌学。

---

[1] 参看王重民著《敦煌遗书论文集》（周一良所作序），中华书局1984年版。周一良《何谓"敦煌学"》，《文史知识》1985年第10期；后收入其《魏晋南北朝史论集续编》，北京大学出版社1991年版。
[2] 郝春文《论敦煌学》。

二、敦煌学的内涵

现知最早对敦煌学的内涵进行阐述的也是日本的石滨纯太郎,他在前述大阪讲座中把敦煌学区分为狭义和广义两种。狭义的敦煌学仅限于研究敦煌文物,广义的敦煌学则还包括吐鲁番、库车、和阗等地的文物。① 中国学者最早关注这一问题的是姜亮夫先生。他在《敦煌学之文书研究》中指出:"敦煌学之内涵当以千佛岩、榆林诸石窟之造型艺术与千佛洞所出诸隋唐以来写本、文书为主。而爰及古长城残垣、烽燧遗迹、所出简牍,及高昌一带之文物为辅。"② 刘进宝则把敦煌学的内容归纳为敦煌遗书、敦煌石窟艺术、敦煌学理论和敦煌史地四项之下。③ 李正宇更认为:敦煌学就是研究敦煌古代精神文明(如政治、法律、语言、宗教、文学、艺术、风俗等)和物质文明(如山、河、大地、自然环境、衣食住行等)的学问。它以敦煌人群、敦煌社会、敦煌史地、敦煌石窟、敦煌文献、敦煌汉晋简牍及敦煌同内地、周边往来关系为依托,植根敦煌,以地名学,四外辐射,溯古通今,具体实在而又博大精深。④

---

① 王冀青《论"敦煌学"一词的词源》。
② 姜亮夫《敦煌学之文书研究》,《敦煌吐鲁番文献研究论集》第2辑,北京大学出版社1983年版。
③ 刘进宝《试论敦煌学及其研究对象:兼与林家平等同志商榷》,《社会科学》(兰州)1988年第5期。
④ 李正宇著《敦煌学导论》,甘肃教育出版社2008年版。

上文已经提到，我在《论敦煌学》一文中，首次将其分为两种不同属性的对象来进行讨论。一种是作为历史名词或历史概念的敦煌学，一种是作为学科概念的敦煌学。作为一个历史名词或历史概念的敦煌学，其内涵具有不确定性，每个使用者在遵守命名学原则的基础上，都可以有自己的界定，每个读者也可以有自己的理解，可以见仁见智、人见人殊。对敦煌学而言，命名的原则就是它的空间范围必须限定在历史时期的敦煌，包括历史时期敦煌管辖的地区。如果某个地区曾经一度归敦煌管辖，这个地区在敦煌管辖的时间内就可以划入敦煌学的范围。反之则不可。如果把历史时期不属于敦煌的地区划入敦煌学的范围，就违背了敦煌学因地名学的基本原则。所以，作为一个名词或历史概念的敦煌学也是有前提的，即它的空间范围不能跨越敦煌及其管辖地区。只有在这个前提下，使用者才可以对敦煌学各说各话。比如吐鲁番地区，历史上曾经隶属敦煌，在这样的时期吐鲁番地区当然可以划入敦煌学的范围。但在更长的历史时期吐鲁番地区并不隶属敦煌，包括吐鲁番文书所归属的主要时代。这样看来，把古代的吐鲁番地区和吐鲁番文书整体划入敦煌学的看法就不妥当了。当然，把新疆、西藏甚至更远的地方划入敦煌学的范围就更缺乏依据了。[1]

依据这样的认识，刘进宝、李正宇先生对敦煌学内涵的归纳虽表述不同，但其实质都是以古代敦煌管辖的空间和遗存为中心，

---

[1] 郝春文《论敦煌学》。

应该说都可自成一说，但刘的概括更为简明。而姜亮夫先生的定义则稍嫌宽泛。

总之，敦煌学的空间范围应该限于历史时期的敦煌，这一点现在已经成为学界的共识了。

三、敦煌学的学科性质

上文已经提到，最早对敦煌学的性质进行探讨的是周一良先生。他在王重民《〈敦煌遗书论文集〉序》中提出："敦煌资料是方面异常广泛，内容无限丰富的宝藏，而不是一门有系统成体系的学科。如果概括地称为敦煌研究，恐怕比'敦煌学'的说法更为确切，更具有科学性吧。"[1] 此后，他在《何谓"敦煌学"》一文中再次强调"'敦煌学'不是有内在规律、成体系、有系统的一门科学，用固有名词构成的某某学又给人不太愉快的联想，所以最好就让它永远留在引号之中吧"[2]。林家平等先生认为"周一良先生等人的观点，比较多地强调了敦煌资料各部分之间的差异性，否定了这些资料本身是一个有机的整体"。敦煌"文物文献资料，大都产生于古代敦煌，共同的时空范围，使它们之间必然地存在着内在的联系。遗书与遗书之间、遗书与遗画以及佛窟

---

[1] 王重民《敦煌遗书论文集》（周一良所作序）。
[2] 周一良《何谓"敦煌学"》，《文史知识》1985年第10期；后收入其《魏晋南北朝史论集续编》。

之间、佛窟与佛窟之间、佛窟与墓葬以及建筑之间、遗书与古城遗址之间、木简与古碑以及遗书之间紧密交错地联系在一起，形成一个不可分割的有机体，比较全面而真实地反映着古代敦煌特有的历史风貌，同时也可窥见中国古代史、中西陆上交通史、中亚史的一些侧影"。关于敦煌学的性质，林氏等首先提出其属于"交叉学科。它不仅与其他相关学科部分地重叠交叉，而且敦煌学各部类之间也存在着交叉重叠关系"[1]。季羡林先生在《敦煌学大辞典》的"敦煌学"词条中，主要依据敦煌学的研究对象，确定敦煌学是"一门新兴的""综合性的学科"[2]。李正宇则认为敦煌学"是包容了诸多单体学科，兼有人文科学、自然科学及意识形态科学的特殊学科"[3]。以上关于"交叉学科""综合性学科"和"特殊学科"的定性，都是为了回答敦煌学的学科面貌与历史学、宗教学等依据内容分类的学科存在差异的问题，其中"交叉学科"的定性最具有启示意义。遗憾的是以上学者均未能在学理上对他们提出的学科定性进行论证，把敦煌学何以成立当作了不证自明的问题，因而也就未能有力回应敦煌学不能成为一个学科的质疑。

---

[1] 林家平、宁强、罗华庆《试论敦煌学的概念、范围及其特点》，《兰州学刊》1984年第1期；又见《中国敦煌学史》，北京语言学院出版社1992年版。
[2] 季羡林主编《敦煌学大辞典》，上海辞书出版社1998年版。
[3] 参看李正宇著《敦煌学导论》第一章《绪论》。

四、敦煌学的定义及对其何以成立的理论论证

作为一门学科概念的敦煌学,与作为一个名词或专业术语的敦煌学有很大区别,其内涵应该有更加明确和具体的规定,不仅要证明它能够满足一门学科概念所需要的基本条件,还要对反对者提出的理由作出合理的分析。如上所述,认为敦煌学不能成为一门学科者最重要的理据就是,以地名学的敦煌学与依据内容分类的历史学、宗教学等学科相比,学科面貌不同,不是一门有系统成体系的知识体系。针对这一认识,我在《论敦煌学》一文中将敦煌学的性质确定为新兴交叉学科,而交叉学科的特点就是与传统学科的面貌不同。如化学与物理学交叉形成了物理化学和化学物理学,等等。[1] 物理化学和化学物理学的学科面貌当然会与传统的物理学科和化学学科不同。

按现代学科分类,敦煌学的研究对象的内容不仅涉及宗教、历史、语言、文学、艺术、民族等文科的诸多学科,还涉及医学、数学、天文学等自然科学的一些学科。所以,多科性或多学科交叉是敦煌学的本质特征。但是,敦煌学不是其所涉及那十几个学科的简单综合,更不是把它所涉及的那十几个学科的全部内容统统包揽收容,变成一个多种学科的联合体[2],而是由各学科与敦

---

[1] 参看郑晓瑛《交叉学科的重要性及其发展》,《北京大学学报》(哲学社会科学版)2007年第3期。

[2] 李正宇著《敦煌学导论》第一章《绪论》。李并成主编《敦煌学教程》也认为敦煌学"实际上是一门包括许多学科的群体性学问",商务印书馆2007年版。

煌有关的部分组成的新兴交叉学科。作为交叉学科的敦煌学，与我们一般所说的交叉学科也有明显的不同。一般所说的交叉学科是指不同学科在认识世界过程中，用不同的角度和方法为解决共同问题而形成的学科交融，经过反复论证和试验产生的新的学科领域。其核心和实质是两门以上不同学科的理论和方法相互渗透，渗透的目的是为了解决同一问题。而敦煌学的多学科交叉则只是不同学科的材料在同一地域空间（敦煌）的交叉。因为诸多不同学科的资料都是在敦煌发现的，所以敦煌也就成了敦煌学的特定空间范围，是敦煌学区别于其他学科的特点和标志。如历史学是一门独立的学科，从整体上看，这门学科不属于敦煌学。但如果用敦煌出土的资料或研究敦煌地区古代的历史问题，就属于敦煌学的范围；当然，用敦煌出土的资料或研究敦煌地区的古代历史问题仍然属于历史学的范围。这样，敦煌学就与历史学产生了交叉。其他如宗教、语言、文学等学科的情况可依此类推。所以，以地名学的敦煌学是由与敦煌有关的诸多学科的相关部分组成的集合体（见第49页图）。

因这个集合体与历史学、宗教学等单体学科面貌完全不同，所以，才有学者认为敦煌学不是一门学科。但是，敦煌学并不是简单集合体，而是具有内在联系、具有独特理论和方法的有机集合体，是一门有内在规律、自成体系、自成系统的由新材料发现而产生的新兴交叉学科[1]。以上论证最终从理论上解决了敦煌学

---

[1] 郝春文《论敦煌学》。

何以成立的问题。

关于敦煌学的定义,如上文所述,林立平先生等最早提出敦煌学是交叉学科,而季羡林先生则认为敦煌学是新兴的综合性的学科。这些论断主要是对敦煌学的定性,也可以看作是敦煌学的定义。但一般来说,一个学科的定义应该包括该学科的性质、研究对象与目的等要素。按照这样的要求,第一个定义敦煌学的学者是刘进宝。他指出:"所谓敦煌学,就是指以敦煌遗书、敦煌石窟艺术、敦煌学理论为主,兼及敦煌史地为研究对象的一门学科。"[1] 这个定义对敦煌学的研究对象进行了高度概括,至今看来仍是相对比较准确的概括。当然,这个定义也有明显的不足,即没有突出敦煌学的交叉学科特性,而交叉性恰恰是敦煌学带有根本性的特点。在此基础上,我在《论敦煌学》中将敦煌学定义为:敦煌学是以敦煌遗书、敦煌石窟艺术、敦煌史迹和敦煌学理论等为主要研究对象,包括上述研究对象所涉及的历史、地理、社会、哲学、宗教、考古、艺术、语言、文学、民族、音乐、舞蹈、建筑、科技等诸多学科的新兴交叉学科。[2] 这个定义既包括了敦煌学的研究对象及所涉及的学科,也强调了其学科属性为新兴交叉学科。

(本文发表于《敦煌研究》2019年第4期;《新华文摘》2019年第24期转载。)

---

[1] 刘进宝《试论敦煌学及其研究对象:兼与林家平等同志商榷》。
[2] 郝春文《论敦煌学》。

敦煌写本学与中国古代写本学

一、敦煌写本学

在人类发展的历史上,知识和信息的传播经历了以口耳相传为主到以文字相传为主的历程。而今,虽然电视和广播也已成为传播知识和信息的重要媒介,但文字仍是传播知识和信息的主要载体。就文字传播的方法和载体而言,似可分为铭刻、手写、印刷和电子文本四个阶段。[①] 大致从春秋战国至宋以前是手写文本为主体的时代,宋以后至今是印刷文本为主体的时代。最近20年,电子文本异军突起,但能否取代印刷文本的地位仍待观察。敦煌遗书虽包含少量印本和拓本,但绝大多数是手写文本,是以写本为主体时代的产物。

---

① 张涌泉在《敦煌写本文献学》一书中,将我国古代文献的传播分为铭刻、抄写和印刷三个阶段,并对各自特点、内容有所解说,笔者基本同意,仅在其说基础上增加了电子文本阶段。甘肃教育出版社2013年版,可参看该书第5—7页。

毫无疑问，手写文本、印刷文本和电子文本是有差异的。因为印刷文本和电子文本的交替发生在当代，所以我们对二者的差异比较容易了解。手写文本和印刷文本时代的交替发生在一千多年前，而人们现在拥有的知识背景均属印本时代。虽然手写文本在当代生活中仍有留存（如记笔记等），但印本早已成为人们阅读的主体，所以我们对手写文本和印刷文本的差异已不完全清楚。

20世纪初叶以来，包括敦煌写本在内的大量不同材质的古代手写文本陆续出土，为我们研究中国古代的历史与社会提供了珍贵的资料。一百多年来，学术界不仅在古代写本整理和研究方面取得了巨大的成就，对写本特点的认识也在逐步深化。

相较而言，敦煌学界探讨写本特点的成果相对较多，也比较深入。早在1978年，石门图书公司就出版了潘重规先生主编的《敦煌俗字谱》，这是第一部从字形差异角度展示写本特点的工具书。以后，又有金荣华所编之《敦煌俗字索引》（石门图书公司1980年版）、张涌泉之《汉语俗字研究》（岳麓书社1995年版，商务印书馆2010年增订本）和《敦煌俗字研究》（上海教育出版社1996年版）、黄征之《敦煌俗字典》（上海教育出版社2005年版）等论著先后推出，这些成果都对揭示敦煌写本的文字特征作出了贡献。但这些成果都仅限于探讨敦煌写本的一个方面的特征，似不能称之为"学"。

1991年，林聪明教授出版了《敦煌文书学》（新文丰出版公司），这是第一部系统探讨敦煌写本特点的专著。2013年，张涌

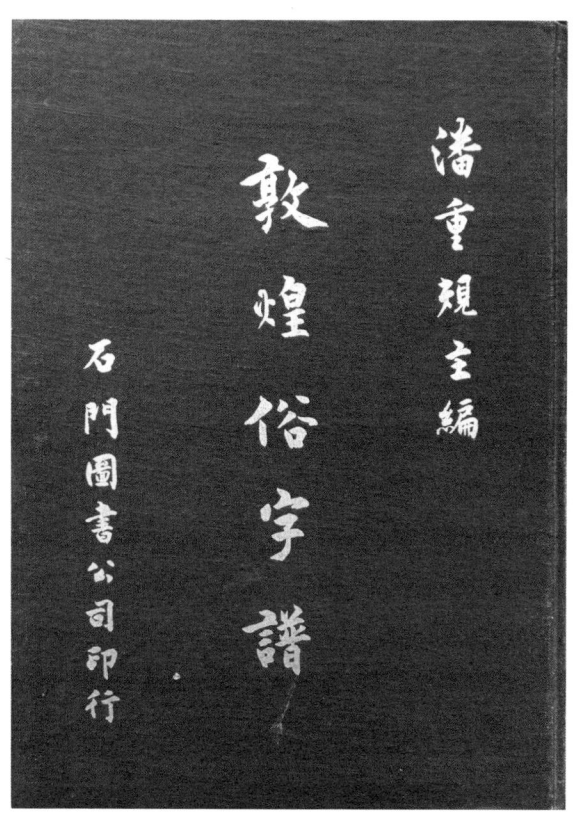

《敦煌俗字谱》封面

泉出版了《敦煌写本文献学》（甘肃教育出版社），是探索敦煌写本文献特点的集大成之作。这两部专著虽然侧重点不同，但都是系统探讨敦煌写本特点的著作，应可称之为"学"了。正如上列书名所示，二者的核心词是不同的，一为"文书学"，一为"写本文献学"。需要说明的是，两部核心词不同的专著，其研究对象却是基本重合的。林聪明教授定义的"敦煌文书"，是包括写本、印本、拓本在内的所有敦煌遗书。他在《敦煌文书学》第一章《绪论》中，单设第一节"敦煌文书总名的商榷"，专门论证了"敦煌文书"一词应为敦煌遗书的总名。张涌泉的"敦煌写本文献"虽然不能包括印本和拓本，但在7万多件敦煌遗书中，印本和拓本仅有几十件，可以忽略不计。张涌泉虽然没有正面回应林聪明的"敦煌文书学"，却另外使用了"敦煌写本文献学"。这应该是考虑到敦煌遗书的主体部分是佛经，此外还包括大量的道教经典和儒家经典，这些典籍很难用"文书"名之。"敦煌写本文献学"这一名称应该受到了以刻本文献为研究对象的"版本学"的影响，其意图是从"版本学"中分化出一门独立的"写本文献学"。[1]此外，荣新江在《敦煌学十八讲》中则提出了"敦煌写本学"的概念[2]。以上三个名称可以说是各有其依据。哪一个更好一点呢？以下试作分析。

林聪明教授的"敦煌文书学"，对"文书"一词有自己的界

---

[1] 参看《敦煌写本文献学》，第22页。
[2] 见《敦煌学十八讲》，北京大学出版社2001年版，第340—352页。

定,并依据这一界定展开讨论,可以自成一说。但"文书"一词,无论是现代还是唐宋时期的定义,都很难包括全部敦煌遗书。所以,用"敦煌文书学"来概括以敦煌写本为主要研究对象的学问,不免会让人产生以偏概全的印象。而且,林聪明教授的"敦煌文书学"还会和下文将要讨论的"中国古代文书学"中之"敦煌文书学"混淆,造成概念混乱。"敦煌写本文献学"一词,当然比"敦煌文书学"更加准确,但给人的感觉是偏重写本书写内容特点的研究。而该书的内容也确实是围绕敦煌写本内容之特点展开的。但关于写本的研究,内容或文字之特点固然是重要的方面,但其材料和形式等也应该是重要的方面。其中包括写本的物质形态(质料等)和装帧形态等,这些都不是写本文献学所能容纳的。比较而言,荣新江提出的"敦煌写本学"似乎更恰当一些,可以涵盖有关写本研究各个方面的内容。

二、中国古代写本学与中国古文书学

敦煌写本学既是敦煌学的组成部分[1],也是中国古代写本学的组成部分。

除了敦煌写本,在我国其他地区还发现了很多不同材质、不同时代的古代写本。如先秦至汉晋简牍与绢帛上的手写文本、吐鲁番文书、黑水城文书等。所以,由敦煌写本学还可扩展为中

---

[1] 关于敦煌学,可参看本书《论敦煌学》一文。

国古代写本学。荣新江、郑阿财、方广锠等都曾提出建立写本学[①]，荣、方二位主要着眼于敦煌写本，郑阿财则明确指出写本学的研究对象为3至10世纪以纸张卷轴为主的写本[②]，其视野已不限于敦煌写本。这里的写本学，准确地说应该就是中国古代写本学。

说到中国古代写本学，不能不提到与其有所交集的中国古代文书学。2012年7月，黄正建研究员发表《"中国古文书学"：超越断代文书研究》一文，提出了建立"中国古文书学"的设想。[③]同年10月29日，《文汇报》"思想·人文"版发表了《"中国古文书学"的创立——中国社会科学院历史研究所学者笔谈》，分别介绍了可以纳入"中国古文书学"的先秦文书、敦煌吐鲁番文书、黑水城文书和明清时代公私文书。其中黄正建和陈丽萍合撰的《敦煌吐鲁番文书与"中国古文书学"》，界定了可以纳入"中国古文书学"的敦煌吐鲁番文书。与上述林聪明界定的"敦煌文书"不同，黄正建和陈丽萍的"敦煌吐鲁番文书"是把写本典籍排除在外的。其他各时段的笔谈也只是把狭义的文书作为研究对象。如所周知，以敦煌吐鲁番和黑水城写本为代表的古代写本大致可以分为狭义的文书和古代典籍两个部分。这样，中国古文书学的

---

① 见荣新江《敦煌学十八讲》，第340页；郑阿财《论敦煌俗字与写本学之关系》，《敦煌研究》2006年第6期，第162—167页；方广锠著《随缘做去，直道行之——方广锠序跋杂文集》，国家图书馆出版社2011年版，第145—146页。
② 见郑阿财《论敦煌俗字与写本学之关系》，第162页。
③ 《中国社会科学报》2012年7月25日历史学版。

研究对象和中国古代写本学的研究对象既有重合，也有差异。即中国古代文书学所研究的仅仅是中国古代写本中被界定为"文书"的部分。

"中国古文书学"受到了日本古文书学的启发，而日本的古文书学又源自欧洲的古文书学。[1]但欧洲对"古文书学"的定义并不统一，在有些论著中，其研究对象也不限于狭义的"古文书"。这一点从相关英文单词的理解和解释可见一斑。如常被翻译为"古文书学"的 Diplomatic 一词，在《新英汉词典》有一个义项是"古文书学"，但《远东英汉大辞典》的相关义项却作"考证古代文献的一门学问"。而 *Longman Dictionary of Contemporary English* 的相关解释则是：of or related to the study of the form of ancient writing，可译为研究古代手写文本的学问。更加权威的 *Webster's Third New International Dictionary* 的相关义项则为 paleographic，既可译为古文书学，也可译为古文字学。日本的古文书学虽受到欧洲古文书学的影响，但其定义仅限于狭义的"文书"。起初，规定必须具备发件人、收件人和事项三个要素才能称为古文书。后来，有研究者主张把虽无明确发件方和收件方的信息，但若一方推动或限制另一方行动而形成的文字亦应归类为"文书"。还有学者主张把古代的账簿亦应列入古文书的研究范围。[2]但即使

---

[1] 见前引黄正建文。

[2] 参看大津透《日本古代古文书学研究的进展及课题》，见《2014年中国社会科学院国学研究论坛中国古文书学国际学术研讨会资料汇编》，第285—289页。

如此，与欧洲相比，日本的古文书学仍为狭义的"文书"。中国的古文书学，依据黄正建的界定，其研究范围又较日本学界的界定有所扩大，即包括行政文书、法律文书，户口帐、田亩帐、差科簿、名籍等各种帐簿，以及遣策衣物疏等。[①] 按照这样的界定，作为一个研究方向或学问当然是可以的，也是具有内在学理依据的。

但是，中国古文书学界定的"文书"的写本部分[②]，既具有文书属性，同时也具有写本特征。与古代写本文书相比，古代写本的数量更大，大约有几十万件，其时代则从春秋战国直至明清，几乎跨越了整个中国古代。所以，作为一门学问，中国古代写本学具有更大的研究价值，中国古代文书学应该是中国古代写本学的组成部分。有些文书写本特征的认识和解读，必须依据其他类型写本才能得以解决。这应该是欧洲古文书学定义和研究范围模糊、日本古文书学研究范围逐渐扩大的内在原因。当然，中国古代文书学的研究成果也会促进中国古代写本学的发展。

三、中国古代写本学的定义、研究对象、分期及研究内容

中国古代写本学是研究历代手写文本的学问，其研究对象包

[①] 参看前引黄正建文。
[②] 依据上列《"中国古文书学"：超越断代文书研究》《"中国古文书学"的创立——中国社会科学院历史研究所笔者笔谈》两文对"古文书"的界定，中国古代文书学所研究的绝大部分文书是写本，只有少量典籍和印本中的文书和甲骨文、金文文书不属于写本。

括自先秦至明清的手写文本，即先秦至汉晋的简牍、绢帛写本，敦煌写本、吐鲁番写本、黑水城写本、宋代的徐谓礼文书和宋元以来的契约文书、明清档案，以及其他古代写本。当然，写本学对写本的研究应与各学科研究者把写本当作资料研究历史、社会、法律等方面的问题有所区别，写本学主要关注的是写本的材料、书写工具、书写者，以及写本的形态和文本内容等方面具有的一般性问题和方法问题。

将简牍和绢帛写本列入中国古代写本学的范围，恐需略作解释。郑阿财在《论敦煌俗字与写本学之关系》一文中指出，"在汉字文化圈，凡以手写的书，都称之为'写本'或'抄本'"[1]。按照这样的界定，简牍和绢帛写本当然应该属于中国古代写本学的研究范围。但作者同时又提出了"以纸张卷轴为主的'写本时期'"的概念[2]，似乎又将简牍和绢帛写本排除在了写本学研究之外。以往讨论写本的学者，大多亦未将简牍和绢帛写本列入考察范围。所谓"写本"，顾名思义，指的是用笔书写的文本，或称手写文本。以与此前的甲骨、金文等铭刻文字和此后的印刷文本相区分。简牍和绢帛文本都是用笔书写的，也是手写的，当然应该被列入写本范畴。其与纸质写本的区别只是书写材料的不同，但用笔和手写两个基本要素是完全相同的。如果把简牍和绢帛文本排除在写本之外，放在铭刻一类就更不合适了。所以，恰当的

---

[1] 郑阿财《论敦煌俗字与写本学之关系》，第162页。
[2] 同上注。

办法是将简牍和绢帛写本放在写本之内，可以根据写本的质料划分为简牍写本和纸质写本两个时期。依据这样的认识，似乎可以把中国古代写本划分为三个时期，即自春秋战国至东汉为简牍、绢帛写本时期，这是写本时代的第一个时期，此前是铭刻时代。自东汉至宋为纸本写本时期，这是写本时代的第二个时期，也是其全盛期。第三个时期是宋至清，这一时期印本已逐渐占据主导地位，但写本仍然存在，可以称为印本时代的写本，或写本后时代的写本。

关于中国古代写本学的研究内容，因为敦煌写本学的研究成果相对比较丰富，以下主要就这些成果对中国古代写本学的研究内容试作说明。

第一，关于写本学理论的探讨，包括写本学定义、研究对象、研究方法等。

第二，关于写本的种类、来源、数量等问题的综合探讨。

第三，关于书写材料的探讨。如简和牍的制作，材料的来源和加工过程，造纸的原料，纸的产地，纸的质地，纸的装潢以及装潢者的情况，纸的规格，不同时代书写材料的差异，现存简牍、绢帛、纸质写本的物理化学分析，等等。这些问题的研究，不仅有助于写本年代的判定，也可为写本的辨伪提供重要的参考依据。

第四，对书写工具和材料的探讨。包括对毛笔、硬笔和墨的探讨。各时期毛笔的特点、产地以及时代差异的考察，现存各时期毛笔实物的收集、鉴定等，硬笔的质料、制作与流行情况，墨的来源、使用、种类及其变化，等等。

第五，对写本抄写者考察。写本的抄写者是写本完成人，对了解写本的性质、用途具有重要意义，当然应成为写本学关注的问题。

第六，对写本来源的探讨。所谓写本来源，指的是写本抄于何地，使用或发出者属于何地、何人或何机构？由于现存写本多为出土，而很多写本的来源并不限于出土地点。所以，考察写本的来源对于判定写本的性质具有重要意义。

第七，对写本形态的考察。这里是指写本的物质形态，如简策写本、绢帛写本或纸质写本等。对纸质写本而言，则指其装帧形态，即卷轴装、梵夹装、经折装、旋风装、蝴蝶装、包背装、线装册子等。

第八，对写本文本形态及抄写格式、抄写体例与各种标识符号的探讨。文本的形态指的是写本的书写格式。很多正式官私写本文书都有固定的书写格式，有的写本在抄写前还要在纸上画好界栏，而抄本或副本的这些格式则可能会有变化或变通。抄写者在抄写过程中因失误而造成的文字和内容的错误，可以按当时约定俗成的抄写体例进行改正，这些改正有些是靠添加某种特定的符号实现的。此外，古代写本中还保存了当时流行的省代符号、重文符号、句读号、层次号、勘验符号等标识符号。写本的文本形态是当时制度和习惯的反映，对其进行研究不仅对理解文书的内容具有重要意义，也会对判断其是否正式文本提供依据。对抄写体例和各种标识符号的研究，对于正确理解和校录写本的内容，亦具有重要意义。

第九，对写本字体及其演变的考察。从现存写本来看，写本的字体大致有篆书、隶书、行书、楷书、草书等字体。这些字体，都有其特定的历史背景。所以，对写本字体及其演变的探讨，不仅是书法史关注的重要课题，对判定写本时代也有重要参考意义。

除了写本的字体，古代不少写本还存在形近字可以写作同形的现象，写本中同音字互借也比一般的假借要宽泛很多，这些问题的探讨都对正确理解文本具有积极意义。

第十，对写本俗语词的探讨。在古代写本特别是民间写本中，保存了大量不见于印刷文本的俗语词，对这些记录口语的俗语词进行研究，不仅对正确理解这类写本具有积极意义，也为古代语言的研究提供了新的语料。

第十一，对写本俗字的探讨。俗字是指汉字史上各个时期与正字相对而言的、主要流行于民间的通俗字体。因古代写本多流行于民间，故保存了大量流行于各时代的俗字。这些俗字与我们现知的正字都有差异，是阅读和利用古代写本的障碍。对这些俗字进行搜集和研究，不仅有助于正确辨认古代写本上的文字，对于了解汉字的变迁也具有重要意义。

第十二，对写本异文的探讨。所谓异文，对古代写本而言，是指相同内容的文本由不同抄写者之抄写造成的文字歧异。在印本时代，相同内容的书籍之不同版次也会造成异文。古代写本由于抄写者水平参差不齐，故异文很多。对这些异文进行研究，亦有助于正确理解写本的内容，有时还可以纠正传世文本的错误。

古代写本中的异文，还和古代口耳相传文本的再次文本化有关。古代由于不识字的人很多，一些文本是靠口耳相传的方式传承的。同一文本的内容，在经过若干年的口耳相传以后，如果再形成新的文本，就会和初传文本有很多文字的歧异。如敦煌写本《坛经》，有的写本和其他写本以及传世本文字差异较大，恐怕就是经过若干年口耳相传后再度形成的文本。

第十三，关于写本的印记、签押和款缝的研究。一些写本，特别是实用的公私文书，往往钤有公私印记或相关责任人的签押，有的既有印记，又有签押。一些写本，特别是卷轴装写本，是在多纸拼接而成的长卷上书写的，在两纸相连的骑缝处署名或盖印，被称为"款缝"。"款缝"多见于官府牒状、籍帐、私人契约等写本，目的是防止他人对写本物质形态和内容进行改动。对写本中的这些印记、签押和款缝进行研究，对于正确理解写本的内容、性质，以及年代的判定，都有助益。

第十四，关于写本题记的研究。古代写本题记指抄写者、委托人或后人在文本正文之外添加的附言，当时人写的题记往往会说明写本的抄写者或委托人、抄写时间、地点、目的等内容，后人写的题记则往往会说明写本的来源、价值等。从以上介绍的内容可知写本题记对了解写本的情况具有极其重要的价值，故应列入写本学的研究范围。

76　敦煌学随笔

P.3354户籍纸逢处之"款缝"

第十五，对写本的二次加工及多次加工情况的研究。所谓"二次加工及多次加工"是指在书写好的写本上作修改或添加内容。现存写本中二次加工和多次加工的情况十分复杂，有的是抄写者对写本文字的修改，有的是读者或使用者的修改，有的是写本所有者改变后新的主人对文字的修改或利用写本的空白处添加新的内容。修改一般使用朱笔，但也有用墨笔、蓝书修改者。考察写本的二次加工及多次加工，对了解写本的使用情况、性质、所有者的变换及流传情况都有重要意义。

第十六，对写本内容的校勘以及名称、年代和性质的考证。有些相同内容的文献保存了多个写本，有些写本文献亦有传世本流传，这就有写本内容的校勘问题。由于现在写本多为出土，所以残缺者很多，一些已经失去标题、年代，性质不明。在整理这些写本时需要确定这些写本的名称、年代和性质。

第十七，关于写本正背关系研究。古代的写本，特别是卷轴装的纸本，最初抄写时一般只利用纸的正面。由于古代纸张稀缺，后人往往会利用前人废弃的写本的背面抄写其他文字。从敦煌写本来看，古代写本的正背关系十分复杂。写本正面和背面文字的内容、性质、语言都有可能完全不同。一般而言，正面的文字应该是书写较早，时间在前，背面的文字抄写时间在后；正面的文字内容连贯，背面的内容则往往比较杂乱。但有的写本是利用数件废弃写本重新拼接为长卷，利用其背面书写统一的内容，在这样的情况下，内容连贯的一面就容易被误判为正面，其抄写时间也很容易被确定为早于另一面。对以上问题进行研究，不仅有助于正确理解写本的内容和性质，也有助于正确判定写本的时代。

第十八，关于写本的断裂与缀合的研究。古代写本由于年代久远，且多为出土，残缺者很多，有的断裂为两截或数截，有的已分藏各地。这些断裂为两截或数截的写本，有的可以天衣无缝地直接缀合，有的则虽能确定原为一件，但不能直接缀合。对以上情况的调查和研究，有助于了解写本的性质及其全貌。

第十九，关于写本的辨伪。由于古代写本在具有研究价值的同时还是重要的文物，所以自近代以来，不断有仿制的古代写本流入市场，鱼目混珠。伪本的存在，不仅会给古代写本的市场带来混乱，还会给研究者造成严重困扰。所以，辨别伪本并将其剔除，也应是写本学的重要研究内容。

以上所列写本学的研究内容，不少研究写本内容的研究者也会涉及，总体说来，写本学对以上问题的关注重点不在某件具体写本，而是众多写本存在的一般问题和解决以上问题的方法。

四、中国古代写本学和敦煌写本学研究展望

首先应该提倡宏观或综合性问题的探讨，以往的研究多是以某一时代或某一出土地点的写本为研究对象，不同地区出土的写本的比较研究相对比较薄弱，不同时代写本的比较研究就更少。

如对写本的来源、数量的考察，分时代或出土地的探讨已有不少，但从整体上考察这一问题的工作尚待展开。所以未来应提倡打破时代和地区的界限，对不同时代、不同地区出土的写本进行综合考察，以揭示古代写本的共性问题。在深入研究的基础上撰写"中国古代写本学概论"。

其次，有些问题尚需进一步深入。以上所列写本学的研究内容，多数问题敦煌写本研究者都已涉及，但不少问题不够深入，而其他时代、地区的写本的相关研究则处于空白状态。如对写本抄写者的研究，林聪明在《敦煌文书学》中，已对敦煌写本的抄写者进行过初步探讨，其他地区和类型写本的抄写者的考察，尚有待展开。关于写本质料的研究，也是仅日本和法国学者对敦煌写本的纸进行过初步研究。全面开展对简牍、绢帛和包括敦煌写本在内的古代纸质写本的质料进行物理化学分析，应该说是一项系统工程，会对写本排年提供重要依据，但这项工作目前尚未展开。关于笔和墨的研究，也只有日本学者对抄写敦煌写本的毛笔和硬笔做过一些研究，至于从写本角度研究墨和其他书写材料的成果，更为少见。

再次，要加强对敦煌写本以外的写本进行写本学考察。有的方面，敦煌吐鲁番写本研究者已经做过深入的研究，其他时代、地区的写本学研究可参考敦煌吐鲁番写本研究的经验开展相关研究。如俗语词和俗字的研究，敦煌写本研究者进行了比较深入的探讨，但对其他时代和地区写本俗语词和俗字还缺乏深入系统的研究。此外，还应像"敦煌写本学"那样，撰写如"简帛写本学""明清契约文书写本学""明清档案写本学"等按时代或按类别的专门写本学著作。

最后，应该不断开拓新的课题。由于写本学尚在创建过程中，所以即使研究相对比较充分的敦煌写本学，也尚有进一步开拓研究领域的空间。

如形近字手书同形问题，就经常对正确辨认敦煌写本的文字造成困扰。在敦煌写本中，一些字形相近的文字有时其字形可以相混。如"策""荣"，"收""牧"，"牧""枚"，"先""光"，"灵""虚"，"北""比"，"茎""茎""筮"，"坙""巫""至"，"诓""诬"，"今""令""合"，"免""兔"，"免""兑"，"弟""第"等。以上各组字形相近的文字，在不少写本中其字形是很难区分的。关于这个问题，至少有三个方面值得研究，首先应该在全面调查的基础上把敦煌写本中容易写混的字全部找出来，作为研究的基础。其次是对这类字性质的研究，确定这类字属于错字还是俗字，或者另作定性。第三是如何处理这类问题。目前我们的做法是把它当作写本中的一种特殊的现象来处理，即遇到以上这类文字，主要依据上下文义来判定其归属。

再如一些敦煌写本中存在的大量同音或音近字可互相替代的问题。就现象而言，这类写本错别字满篇，同音字互借范围大大超越了古籍假借字的范围。以往一般认为这类现象是由于民间写手水平低下造成的；其实更深层次的原因是这类写本大多是口耳相传的文本，在传播时受众的主体都不识字，所以这类写本只要字音大体相近即可，并不要求每个字都准确。对这个问题也需要进行更加深入的研究。

总之，写本学关注的是写本的特点。写本的特点说到底是由其用途的个体性和制作的个体性决定的。印本和写本的差异是很明显的，即一为印刷，一为手写。就功用而言，写本或手稿主要有两方面用途，一是满足个体需求，二是满足社会需求。所谓社会需求包括大众需求、某个特殊群体的需求等，都是批量的需要。就满足个体需求而言，写本明显优于印本，它完全可以根据个人需要抄写自己感兴趣的内容。印本制作复杂，成本也高，虽然可以反映印刷者或出资者的诉求，却无法满足大众五花八门的个体需求。因而，印本的基本定位是满足社会需要。由此可知，写本的个体需求功用是写本与印本的基本区别之一，也应该是写本学重点关注和重点研究的问题之一。就满足社会需求而言，印本明显优于写本。满足批量需求的写本虽然内容是相同的，但写本的制作过程是个体的，出错的概率远高于印本。即使同一个人重抄相同的文本，也很难保证不出差错。所以，唐代官府和寺院都有专门的抄书手和校对人员，重要的文本都要经过反复的校对。对于大批量需求的文本，一件一件地抄写和校对，不仅要耗费大量的人力，浪费很多纸张（正式的文本发现一个错误就得重抄），其正确率还是难以做到百分之百。至于抄写者个人书法风格和俗体字异体字的差异，在相同内容的文本中就更加难以避免了。印本就不同了，只要仔细校对了底版，就可保证不出错误，可以完全避免写本因制作过程的个体性造成的阅读障碍。由此看来，社会需求特别是大批量需求应是印本流行的主要动因。

在印本时代，写本的社会（批量）需求的功能被印本取代，后者逐渐成为阅读物的主体（传播知识的主体）。但写本也没有完全消失。因为印本无法全部满足人们的个体需求。虽然写本从来没有从我们的生活中消失，但在印本已成为人们阅读的主体和主流以后，人们对文本的知识都深深地打上了印本的烙印。带着这样的知识烙印来阅读和研究古代写本，就容易出现认识的误区。

写本学的任务就是把写本的特点揭示出来，为人们准确地理解古代写本，正确地利用古代写本提供方便。

（本文发表于《中国高校社会科学》2015年第2期。）

中国古代写本学与古代文学写本的整理与研究

一、中国古代写本学的由来

在人类发展的历史上,知识和信息的传播经历了以口耳相传为主到以文字相传为主的历程。而今,虽然电视和广播也已成为传播知识和信息的重要平台,但文字仍是传播知识和信息的主要载体。就文字传播的方法和载体而言,似可分为铭刻、手写、印刷和电子文本四个阶段。大致说来,商周时期属于铭刻文字阶段,春秋战国至宋以前是手写文本为主体的阶段,宋以后至20世纪晚期是印刷文本为主体的阶段。最近20多年,电子文本异军突起,目前至少在中青年中已经成为知识和信息传播的重要渠道乃至主要渠道。

毫无疑问,铭刻和手写文本、印刷文本、电子文本都是有差异的。但因为铭刻使用的文字,即甲骨文和金文等,其形态保存着古代象形文字的特点,与长期流行的方块字字形差异较大,需要具备专门的知识才能准确辨认。所以，铭刻和手写文本的差异是人们一眼就可以看到的。而印刷文本和电子文本的交替发生在当代，我们对二者的差异感同身受，也相对比较容易了解。只有手写文本和印刷文本，因其交替发生在一千多年前，而且手写文本流行较广的字体虽有隶书、行书、楷书等差异，但与后来的印刷文本相比，均属于方块汉字[①]。至少从字形外貌看，手写文本似乎大多不需要专门知识即可辨认。所以，手写文本与印刷文本的差异，曾长期被人们忽略。

20世纪初叶以来，包括敦煌写本在内的大量不同材质的古代手写文本陆续出土，为我们研究中国古代的历史、社会和文学提供了珍贵的文字资料，同时也为我们了解古代手写文本自身提供了第一手资料。学者们在阅读和研究这些手写文本时，会自觉不自觉地和传世的印刷文本进行比较。如果用印刷文本时代的背景知识来衡量手写文本，会发现手写文本与印刷文本相比，不仅相同内容的文本文字和内容出入很大，手写文本的组织结构和样态也与印刷文本存在很大差异。就敦煌写本来说，不但有大量的不见于印刷文本的俗体字和异体字，其文本之内容、结构，有很多与印刷文本的"书"的样态也很不一样。随着这些疑惑的增多，伴随着对这些疑惑的解释和处理，学术界对写本特点的认识也在逐步深化。

---

① 早期手写文字也使用具有象形特征的大篆和小篆，但其流行的主体是方块汉字，特别是纸本写本，使用的字体基本是方块字。

而今，越来越多的学者认识到，虽然写本从来没有从我们的生活中消失，但在印本已成为人们阅读的主体和主流以后，人们对文本的知识都深深地打上了印本的烙印。带着这样的知识烙印来阅读和研究古代写本，就容易出现认识的误区。正是在这样的背景下，以关注写本特点为中心的中国古代写本学就应运而生了。

二、中国古代写本学的定义、研究对象、分期及研究内容

中国古代写本学是研究历代手写文本的学问，其研究对象包括自先秦至明清的手写文本，即先秦至汉晋的简牍、绢帛写本，敦煌写本、吐鲁番写本、黑水城写本，宋代的徐谓礼文书和宋元以来的契约文书、明清档案，以及其他古代写本。

中国古代写本的质料主要是简牍、绢帛和纸。自春秋战国至东汉，是简牍、绢帛写本流行的时期，可以算作写本阶段的第一个时期；自东汉至宋为纸本写本时期，这是写本阶段的第二个时期，也是其全盛期；第三个时期是宋至清，这一时期印本已逐渐占据主导地位，但写本仍然存在，可以称为印本阶段的写本，或写本后阶段的写本。

中国古代写本学的研究内容包括对写本学理论的探讨，涉及写本学定义、研究对象、研究方法等；关于写本的种类、来源、数量等问题的综合探讨；关于书写材料的探讨，如简、牍以及纸的制作，材料的来源和加工过程等；对书写工具和材料的探讨，

包括对毛笔、硬笔和墨的探讨；对写本抄写者和对写本来源的探讨，即写本为何人所抄、抄于何地，使用或发出者属于何地、何人或何机构等；对写本形态的考察，包括写本的物质形态和装帧形态；对写本文本形态及抄写格式、抄写体例与各种标识符号、字体及其演变、俗语词、俗字、异文、印记、签押、款缝、题记的研究；对写本的二次加工及多次加工情况的研究；对写本内容的校勘以及名称、年代和性质的考证；关于写本正背关系研究；关于写本的断裂与缀合的研究；关于写本的辨伪方法的探索，等等。

以上所列写本学的研究内容，不少研究写本内容的研究者也会涉及，但写本学对写本的研究与各学科研究者把写本当作资料来研究历史、社会、法律、文学等方面的问题有所区别。总体说来，写本学主要关注的是写本的材料、书写工具、书写者，以及写本的形态和文本内容方面具有的一般性问题和方法问题，其关注重点不在某件具体写本，而是众多写本存在的一般问题和解决以上问题的方法。

总之，写本学关注的是写本的特点。写本的特点说到底是由其用途的个体性和制作的个体性决定的。印本和写本的差异是很明显的，即一为印刷，一为手写。就功用而言，写本或手稿主要有两方面用途，一是满足个体需求，二是满足社会需求。所谓社会需求包括大众需求、某个特殊群体的需求，等等。都是批量的需要。就满足个体需求而言，写本明显优于印本，它完全可以根据个人需要抄写自己感兴趣的内容。印本制作复杂，成本也高，虽然可以反映印刷者或出资者的诉求，却无法满足大众五花八门的个体需求。因而，印本的基本定位是满足社会需要。由此可知，写本的个体需求功用是写本与印本的基本区别之一，也应该是写本学重点关注和重点研究的问题之一。就满足社会需求而言，印本明显优于写本。满足批量需求的写本虽然内容是相同的，但写本的制作过程是个体的，出错的概率远高于印本。即使同一个人重抄相同的文本，也很难保证不出差错。所以，唐代官府和寺院都有专门的抄书手和校对人员，重要的文本都要经过反复的校对。对于大批量需求的文本，一件一件地抄写和校对，不仅要耗费大量的人力，浪费很多纸张（正式的文本发现一个错误就得重抄），其正确率还是难以做到百分之百。至于抄写者个人书法风格和俗体字、异体字的差异，在相同内容的文本中就更加难以避免了。印本就不同了，只要仔细校对了底版，就可保证不出错误，可以完全避免写本因制作过程的个体性造成的阅读障碍。由此看来，社会需求，特别是大批量需求，应是印本流行的主要动因。

印本流行以后，写本的社会（批量）需求的功能被印本取代，后者逐渐成为阅读物的主体（传播知识的主体）。随着时间的推移和写本的逐渐边缘化，古代写本和印本的差异也不再为世人所知。

写本学的任务就是把写本的特点揭示出来，为人们准确地理解古代写本，正确地利用古代写本提供方便。

三、中国古代写本学与古代文学写本的整理与研究

中国古代写本学对古代文学写本整理与研究的促进表现在很多方面，以下仅以敦煌写本为例略作说明。

从事古代写本整理与研究的学者都知道，古代文学写本与传世印本的一个显著差异就是写本保存了大量当时流行的俗体字和异体字。由于这些俗体字和异体字流行于数百年乃至一千多年前，已久不见于传世的印刷文本，所以学界最初面对这些形状各异的方块汉字，可以说茫然不知所措，以致早期的敦煌文学写本释文，如《敦煌变文集》等，在文字辨认方面出现了很多错误。一百多年来，敦煌写本学取得最大成就的领域就是对敦煌俗字的整理和研究。早年给前辈学者造成困扰的绝大部分俗体字和异体字，现在多数都得到正确的释读。如敦煌写本S.4398《降魔变文》中有"舍利弗者，是我和尚𤭢甥"。这个"𤭢"字，在《伍子胥变文》中也曾出现。早年罗振玉认为"𤭢"是"甥"之别体字，现在我们可以依据《龙龛手鉴新编》等记录写本时代俗字的工具书，轻松地将其确定为"外"之俗体字，系涉下文"甥"而成之类化俗字。又如S.328《伍子胥变文》中之"乘肥却返，行至小江"。"肥"原作"胆"，《敦煌变文集》将"胆"校改作"肥"，现在我们依据记录写本时代俗字的《干禄字书》等工具书，可知"胆"即"肥"之俗字，不是错字，可以直接将"胆"释作"肥"。又如S.133背《秋胡小说》中有"崖悬万仞，藤挂千寻，涧谷纡

会……"这里是"千寻"和"万仞"相对，显然"寻"是长度单位。但在写本中，"寻"，原作"浔"。《敦煌变文集》将"浔"直接释作"寻"，意思是对的。问题是根据古籍整理校勘的原则，改动底本原文必须出校并说明理由。其实现在我们依据敦煌写本学类化俗字的理论，很容易解释"寻"写作"浔"是因为涉下文"涧"而成之类化俗字。类似例证甚多，不遑枚举。总之，敦煌俗字研究的进展，极大地推进了敦煌文学写本的整理工作，使敦煌文学写本的释文更加接近原貌。

敦煌写本学对正确认识敦煌文学写本的保存样态也有助益。仅以对敦煌诗歌写本的整理和研究而论，早年的学者均以刻本时代的诗集观念看待和处理这类文学作品，在方法上试图以刻本时代的"总集""别集"观念比附和整合敦煌诗歌写本。这样一种认识和处理方法在实践中一方面出现了将一些完整的诗歌写本肢解或切割的现象，另一方面则有意无意地将大量无法与"总集""别集"比附的诗歌写本排除在研究视野之外。2000年，徐俊先生之《敦煌诗集残卷辑考》出版，明确指出"敦煌诗歌写本是典型的写本时代的遗物"，并提出在叙录和校录时保持敦煌诗歌写本的原有形态。采用这样的方法，不仅使学界对写本时代诗歌流行的实际情况有了更真切的认识，也将敦煌诗歌的整理和研究提升到了一个新的水平。

此外，敦煌写本学关于残缺文本定年、定性、定名以及辨伪等方面的理论探索，也为考订残缺文学写本的年代、名称和性质提供了有效的方法。这方面的例证也有很多，限于篇幅，不再一一列举。

（本文发表于《光明日报》2019年4月8日，题为"中国古代写本学的特点"，发表时有删节，此为完整版。）

敦煌学史概说

1909年,伯希和到北京为法国国立图书馆购买汉籍,随身携带了一些1908年他从敦煌掠走的敦煌文献珍本。当时在京的许多著名学者如罗振玉、蒋斧、王仁俊、曹元忠等,纷纷前往伯希和住所参观、抄录、拍照敦煌遗书。这是我国学者接触、研究敦煌文献的开端,并很快就陆续推出了《敦煌石室真迹录》《敦煌石室遗书》等一批有关文书的图版、释文、叙录和初步研究成果。所以,1909年一般被认为是敦煌学的发端。自1909年至今,敦煌学已经走过了110多年的历程,这期间中外学者贡献的著作盈千,论文累万,可谓著述如林。《文史知识》编辑部约我写一篇全面回顾敦煌学史的短文,限五六千字。要完成以上任务,自非一篇短文所能胜任,但略述各阶段的梗概和特点,或值得一试,故将此文定义为"概说"。

为方便叙述,本文将敦煌学的发展划分为四个阶段。

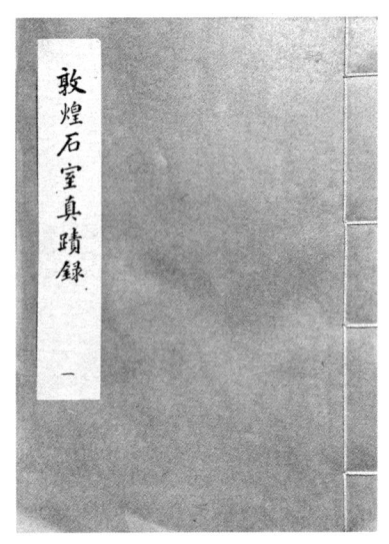 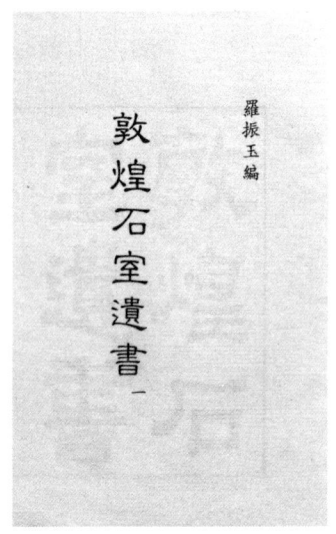

《敦煌石室真迹录》封面　　　《敦煌石室遗书》封面

一、敦煌学的兴起（1909—1949）

这一阶段可以1930年为界分为两个时期。前一时期（1909—1930）我国学者接触的敦煌遗书有限，主要是伯希和带到北京的写本与其归国后陆续寄给罗振玉等人的法国藏品照片，也有少量购于民间的私人收藏品和入藏于京师图书馆的敦煌遗书，还有一些是罗福苌、罗福葆分别从日本人和美国人那里转录的英藏敦煌文献释文，但我国学者在非常困难的条件下不遗余力地多方搜求，几乎公布了他们见到的全部敦煌写本。这一时期的特点是以公布资料和编撰目录为主，同时也以跋、按语和提要等为主要形式，在许多方面进行了开拓性的研究。虽然在今天看来他们所公布的释文在文字录校方面还存在一些问题，但这些文本在其后几十年内一直是中国学术界利用敦煌文献的主要资料来源。由于这一时期我国学者掌握的资料很不系统，其研究成果不免带有时代的局限性，但他们对归义军史的探索和四部典籍以及宗教、法律、地志和语言文学等方面资料的整理和研究仍为以后的工作奠定了基础。这一阶段我国学者所做的整理和研究工作，在世界上明显处于领先地位。罗振玉父子在这一时期的整理和研究工作中所作的贡献最大。

到1930年前后，在中、日、法、英等国，对敦煌文献的整理和研究已成为一种新的学术潮流，并逐渐发展成一种专门的学问。在这样的背景下，"敦煌学"一词开始分别在中日学者间流行。

1925年，石滨纯太郎在大阪怀德堂的夏季讲座上首次使用了"敦煌学"。1930年，陈寅恪在《敦煌劫余录序》中，也几次提到"敦煌学"，遂使这一名词在学术界广为人知。

1931年至1949年是第一阶段的第二时期。这一时期的重要特点是我国学者到国外调查敦煌文献的增多了，胡适、向达、王重民、于道泉、姜亮夫、王庆菽等陆续赴巴黎、伦敦调查、抄录、拍照、研究敦煌文献。他们所接触的敦煌文献比前一时期大为增多，所介绍的敦煌文献的范围也比前一时期广泛得多。在此基础上，他们将归义军政治史的研究范围扩大到了西北各民族变迁史的广阔领域，开展了对金山国史的专题研究，对宗教史的研究也开辟了新的领域，对古代典籍和社会经济文献的整理和研究则更加系统化，开始出现按类或按专题搜集资料进行整理的趋向。在研究方法上，这一阶段创造的用文学体裁的文书研究历史问题和将利用文书与实地踏勘相结合等新方法都对以后的研究产生了深远的影响。这一阶段应以王重民和向达的贡献最大。就整体而言，后一时期国内对敦煌文献的整理和研究的重点在古籍（经史子集四部文献），热点在文学。与同期的日本学界相比，我们的研究领域有待拓宽，如那波利贞对寺院经济文书和社邑文书等世俗文献的整理和研究，在我国尚无人涉足；一些方面研究深度也有差距，未能出现如藤枝晃《沙州归义军节度使始末》那样全面、深入、细致的论文。与西方学者相比，我们在整理、研究少数民族语言文献方面也有明显的差距。敦煌文献之外，这一时期我国学者对敦煌石窟的考察和研究不仅在世界上居于领先地位，同时扩大了敦煌学的研究领域，是值得表彰的亮点。

二、敦煌学的曲折发展（1949—1978）

这一阶段也可以1966年"文化大革命"开始划分为两个时期。前一时期研究的重心在大陆（内地），后一时期研究重心转移到了台港地区。与国外同行相比，1949至1966年，我们在敦煌石窟艺术、瓜沙史地和四部典籍的整理和研究方面仍略占优势；社会经济方面的研究虽具有自己的理论特色，但深度和广度不及日本学者；宗教史和少数民族历史语言方面的研究则已明显地落后于法、日等国。1966至1976年，大陆（内地）的敦煌学研究基本陷于停顿，台港地区学者却加快了研究步伐，他们所取得的成绩也就更加引人注目。但从整体上看，"文化大革命"时期中国的敦煌学已落后于日、法等国。

在1949至1978年改革开放前，中国学者依然取得了令人瞩目的成就。首先是陆续推出了一批带有总结性的著作。如总结敦煌文献目录成就的《敦煌遗书总目索引》，总结古籍整理成就的《敦煌古籍叙录》，总结变文研究成果的《敦煌变文汇录》和《敦煌变文集》，总结敦煌曲子词研究成就的《敦煌曲子词集》《敦煌曲校录》《敦煌曲初探》和《敦煌曲》，总结语言音韵成就的《敦煌变文字义通释》《唐五代西北方音》《瀛涯敦煌韵辑》和《瀛涯敦煌韵辑新编》，总结敦煌石窟艺术成就的《敦煌艺术叙录》，等等。这些带总结性的成果既是以往数十年相关研究的总结，又成为以后进一步研究的基础。其次，开辟了很多新的课题和研究领域。如科学院历史所对敦煌经济资料的集录、王重民用敦煌诗补《全唐诗》、陈铁凡对经部文献的整理和校勘、潘重规对敦煌赋的集录、饶宗颐对敦煌白画的专题研究、金维诺对敦煌经变画的系列研究等。以上所列相关成果，虽然在今天看来资料搜集尚不完备，释文也都存在不少问题，研究也不无缺憾，但都是披荆斩棘的拓荒者，开拓了某一研究领域或某一研究课题的专题研究，具有筚路蓝缕之功。后人循其途径，继续努力，即可取得更为完善、更加厚重的带有总结性的成果。再次，有一些领域和专题开始得到学术界关注。如常书鸿对敦煌壁画图案的研究、金维诺对佛教史迹画的研究、郑良树对《春秋后语》的集录、宿白用考古学方法对敦煌石窟及莫高窟营建史的研究、梁思成对敦煌壁画中古代建筑图像的研究、马继兴对敦煌医药文书的研究、席泽宗对敦煌星图的研究、潘吉星对写经纸的研究等。以上所列多为单篇论文，自身价值或许有限，但其所涉及的都是具有重大学术价值和研究空间的领域或课题，可启发读者在相关方面进行更加系统的专题研究，为后来者导夫先路。

三、敦煌学的腾飞（1978—2000）

这个阶段是我国敦煌学的快速发展时期。在改革开放之初，由于"文化大革命"的影响，我国的敦煌学研究落后于国外。当时有"敦煌在中国，敦煌学在日本"的说法，激励我国老中青三代敦煌学人焚膏继晷，奋起直追。自1978年改革开放至2000年这20多年，内地（大陆）老中青三代学人与港台地区的敦煌学研究者比翼齐飞，在各种刊物上发表的论文数以千计，各种著作在数百部以上，不仅在敦煌学的各主要领域取得了国际领先的业绩，敦煌学的研究队伍也不断壮大，并培养出了一大批中青年研究人才。这批中青年学者已经在某一学科、某一领域或某一专题有所建树，这是我国敦煌学兴旺发达的希望所在。

第三阶段敦煌学取得的最重要的成就是基本完成了敦煌文献原材料的公布。在20世纪80年代以前，除少数学者有条件到英法俄等国查阅原件，多数中外学者整理研究敦煌遗书所依靠的都是敦煌遗书的缩微胶片。1981—1986年，黄永武编纂的《敦煌宝藏》陆续出版，该书将英、法和北图公布的缩微胶片影印成书，极大地方便了更多学者接触和利用敦煌遗书。由于当时摄影设备和技术欠佳，所以敦煌遗书的缩微胶片和《敦煌宝藏》的图版均质量欠佳，不少世俗文书文字模糊，很难辨认，严重地影响了学术界对这批资料的利用。进入20世纪90年代，四川人民出版社率先推出了《英藏敦煌文献》大型文献图集。该书是由专业摄影人员用当时先进的摄影设备重拍,而印制则采用了当时刚刚流行的先进的电子分色技术。装帧则采用大八开形式,一版一印,以便最大限度地向读者展示敦煌遗书的文字内容。其图版的清晰度大为提高,原来缩微胶片模糊不清的文字,至此绝大部分可辨认出来。《英藏敦煌文献》大型图集可以说是创造了新的敦煌遗书图版编纂印制范式。在其带动下,上海古籍出版社陆续推出了《俄藏敦煌文献》《法藏敦煌西域文献》和国内诸多藏家的敦煌文献图版。甘肃人民出版社和浙江教育出版社则分别出版了《甘肃藏敦煌文献》和《浙藏敦煌文献》。至2000年,英、法、俄等敦煌遗书主要藏家和国内外散藏的敦煌遗书图版大部分已经刊布,这些文字清晰的文书图版为国内外研究者提供了极大的方便。

与此同时,记录敦煌石窟基本情况的著述和画册也陆续刊布。最早是1980年出版的中日学者共同编撰的《中国石窟·敦煌莫高窟》,该书印刷精美,图版清晰,相当系统全面地发表了莫高窟艺术的重要作品和论文,为中外学术界了解和研究敦煌莫高窟提供了重要的图像和研究资料。其后又有以洞窟为单元,全景式收录莫高窟和榆林窟代表性洞窟的形制、彩塑和壁画图版,并附有图版说明和相关研究论文的《敦煌石窟艺术》和分类编排雕塑和图画的《敦煌石窟全集》。记录敦煌石窟基本信息的则有《敦煌石窟内容总录》和《敦煌莫高窟供养人题记》。以上成果都是敦煌研究院几代学人辛勤劳动的结晶,至今仍是了解敦煌石窟的基本资料。

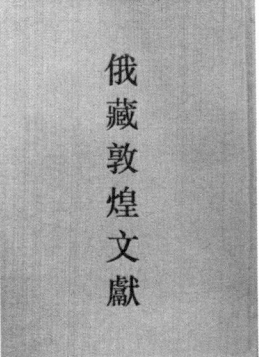
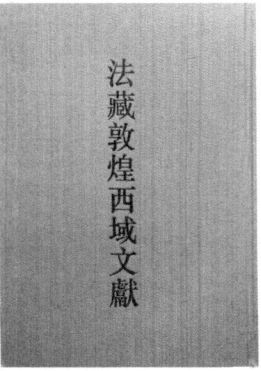

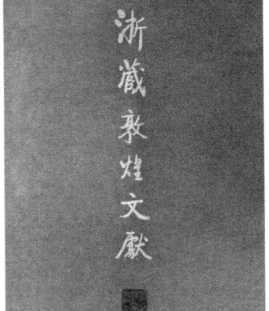

1.《英藏敦煌文献》封面
2.《俄藏敦煌文献》封面
3.《法藏敦煌西域文献》封面
4.《甘肃藏敦煌文献》封面
5.《浙藏敦煌文献》封面

第三阶段还开展了对敦煌遗书的分类整理。最早出版的分类释录文本是张锡厚的《王梵志诗校辑》，可惜释文存在不少问题。其后有朱凤玉《王梵志诗研究》，对张著作了补充和订正。项楚《王梵志诗校注》，后出转精，将释文和注释提升到了一个新的水平。历史文书的释录以唐耕耦、陆宏基《敦煌社会经济文献真迹释录》为最早，收录了敦煌文献中与社会经济有关的重要文书和价值较高的历史文献1664件。分类释录以江苏古籍出版社出版的《敦煌文献分类录校丛刊》水平最高，影响也最大，这套丛刊共有10种12册，包括《敦煌天文历法文献辑校》《敦煌赋汇》《敦煌佛教经录辑校》《敦煌表状笺启书仪辑校》《敦煌社邑文书辑校》《敦煌变文讲经文因缘辑校》《敦煌契约文书辑校》《敦煌医药文献辑校》《敦博本禅籍录校》《敦煌〈论语集解〉校证》。这是中国学术界第一次按学科和专题对敦煌文献进行系统搜集、整理的大型学术丛刊，总结了此前几十年相关专题敦煌文献整理和研究的成果，可以说是代表国家水准的标志性工程，出版20多年来是国际敦煌学界引用率最高的图书。此外，由中国学者完成的敦煌文献分类录校本尚有《敦煌写卷新集文词九经抄研究》《老子想尔注校证》《敦煌类书》《敦煌碑铭赞辑释》《唐写本论语郑氏注及其研究》《敦煌僧诗校辑》《敦煌写本书仪研究》《敦煌变文校注》《古本敦煌乡土志八种笺证》《敦煌诗集残卷辑考》等多种。至20世纪末，中国学者完成的分类释录文本已经涵盖了敦煌遗书的所有重要类别。

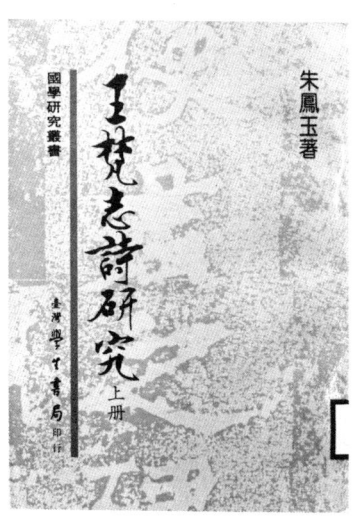

1. 《王梵志诗校辑》封面
2. 《王梵志诗研究》封面
3. 《王梵志诗校注》封面

第三阶段的另一项重要贡献是在敦煌学研究的各个重要领域都推出了具有总结性的或开创性的论著。总结性的论著代表作有《归义军史研究》《唐朝户籍法与均田制研究》《敦煌史地新论》《唐五代敦煌寺户制度》《摩尼教及其东渐》《敦煌俗字研究》《敦煌莫高窟史研究》《吐蕃统治敦煌研究》《敦煌遗书总目索引新编》等。所谓开创性的论著是指该研究开创了某一重要领域。这类成果具有代表性的有《敦煌吐鲁番吐火罗语研究导论》《唐勾检制研究》《佛教大藏经史》《敦煌音义汇考》《唐后期五代宋初敦煌僧尼的社会生活》《敦煌礼忏文研究》等。此外,这一阶段还出版了既具有总结性,又具有开创性的《敦煌学大辞典》。

可以毫不夸张地说,至20世纪末,国际敦煌学多数前沿制高点都被中国学者占据了,完全掌握了国际敦煌学的主导权和话语权。

四、转型期的敦煌学(2001至今)

这一阶段是我国敦煌学开始转型的阶段。进入21世纪以后,如何在20世纪研究的基础上将敦煌学研究进一步推向深入,成为国际敦煌学界关注的热点议题。2006年9月7日至11日,敦煌学国际联络委员会策划的"转型期的敦煌学——继承与发展"国际学术研讨会在南京师范大学召开。这次会议的主题就是讨论如何努力改变过去比较零碎地研究敦煌文献资料的状况,在宏观把握敦煌文献的基础上，实现敦煌学的创新与转型。这次会议的论文结集出版，名为《转型期的敦煌学》。其后，2010年甘肃人民出版社出版了《转型期的敦煌语言文学》，说明敦煌语言文学界亦认识到了在新世纪敦煌学研究需要转型。

虽然敦煌学需要转型的意识和呼声已经出现，但这一阶段的成果仍是以传统课题为主。资料刊布方面，2001年以后又推出了《国家图书馆藏敦煌遗书》《敦煌秘笈》和《敦煌莫高窟北区石窟》。至此，中、法、英、俄和日本所藏敦煌遗书主体部分的图版均已刊布。而学术界期盼已久的敦煌《悬泉汉简》也终于出版了第壹卷，该书包括所收全部简牍的彩色图版和红外图版。在原来分类整理基础上对敦煌遗书做进一步的文献学整理成为21世纪的一项重要工作。对敦煌社会历史文献新的整理路径主要有两种，一是按经、史、子、集四部分类法重新进行分类整理，其中《敦煌经部文献合集》和《敦煌本数术文献辑校》已经出版；二是按收藏地编号依次整理，目前《英藏敦煌社会历史文献释录》已出版19卷。附有高清彩色图版的分类整理文本已推出《英藏敦煌医学文献图影与注疏》和《敦煌吐鲁番医药文献新辑校》两种，这是升级版的敦煌文献分类整理文本。用新的整理模式重新整理原有分类录校本，应是最近20年内敦煌学界应该完成的任务。带有总结性的著作2001年以后又出版了《敦煌道教文献研究：综述·目录·索引》《回鹘文献与回鹘文化》《敦煌画稿研究》《敦煌民俗——丝路明珠传风情》《唐宋之际归义军经济史研究》《敦煌

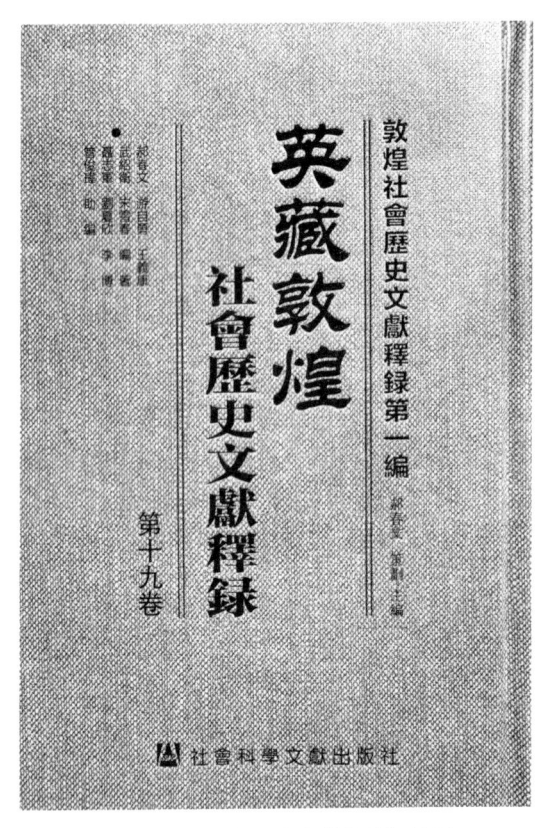

《英藏敦煌社会历史文献释录》封面

文学总论》《敦煌学和科技史》《六朝道教古灵宝经的历史学研究》等，开创性的则有《敦煌占卜文书与唐五代占卜研究》《敦煌历史与莫高窟艺术研究》《唐礼撷遗——中古书仪研究》《敦煌俗字典》《敦煌书仪语言研究》《敦煌图像研究——十六国北朝卷》《旨酒羔羊——敦煌的饮食文化》《敦煌石窟艺术研究》《敦煌石窟全集·第一卷·莫高窟第266—275窟考古报告》和《敦煌石窟美术史：十六国北朝》（上下卷）等。

具有转型特征的研究范式，最引人注目的是写本学的兴起。代表性的成果有《敦煌写本文献学》《敦煌写本〈六十甲子纳音〉相关问题补说》《国家图书馆藏"八相变"的写本学考察——以BD3024号为中心》等。社会学、叙事学和传播学等研究范式也被引入敦煌文献研究中，代表作有《神道人心——唐宋之际敦煌民生宗教社会史研究》《敦煌民间结社研究》《敦煌讲唱文学叙事研究》《敦煌小说及其叙事艺术》《敦煌变文传播研究》等。从整体上看，敦煌学界在利用新范式和开拓新视角方面的成果还不够多，21世纪敦煌学的转型至今仍然是"星星之火"，但因为它标示了未来敦煌学发展的方向，所以应该进一步加强。

（本文发表于《文史知识》2023年第8期。）

改革开放前中国敦煌学的成就与反思

改革开放前的中国敦煌学,可以1949年为界划分为两个阶段。

第一阶段是1909年至1949年。1909年,伯希和到北京为法国国立图书馆购买汉籍,随身携带了一些1908年他从敦煌掠走的敦煌文献珍本。当时在京的许多著名学者如罗振玉、蒋斧、王仁俊、曹元忠等,纷纷前往伯希和住所参观,或者研读、抄录、拍照。这是我国学者接触、研究敦煌文献的开端,并很快就陆续推出了《敦煌石室遗书》等一批有关文书的图版、释文、叙录和初步研究成果。所以1909年一般被认为是敦煌学的发端。

这一时期我国学者接触的敦煌遗书有限,主要是伯希和带到北京的写本与其归国后陆续寄给罗振玉等人的法国藏品照片,也有少量购于民间的私人收藏品和入藏于京师图书馆的敦煌遗书,还有一些是罗福苌、罗福葆分别从日本人和美国人那里转录的英藏敦煌文献释文,但我国学者在非常困难的条件下不遗余力地多方搜求,几乎全部公布了他们见到的敦煌写本。这一时期的特点是以公布资料和编撰目录为主，同时也以跋、按语和提要等为主要形式在许多方面进行了开拓性的研究。虽然在今天看来他们所公布的释文在文字录校方面还存在一些问题，但这些文本在此后几十年内一直是学术界利用敦煌文献的重要资料来源。由于这一时期我国学者掌握的资料很不系统，其研究成果不免带有时代的局限性，但他们对归义军史的探索，对四部典籍以及宗教、法律、地志、语言文学等方面资料的整理和研究仍为以后的工作奠定了基础。这一阶段我国学者所做的整理和研究工作，在世界上处于明显的领先地位。罗振玉父子在这一时期的整理和研究工作中所作贡献最大。

到1930年前后，在中、日、法、英等国，对敦煌文献的整理和研究已成为一种新的学术潮流，并逐渐发展成一种专门的学问。在这样的背景下，"敦煌学"一词也开始分别在中日学者间流行。1930年，陈寅恪先生在《敦煌劫余录序》中，几次提到"敦煌学"，遂使这一次名词在中国学术界广为人知。

1931年至1949年是第一阶段的第二时期。这一时期的重要特点是我国学者到国外调查敦煌文献的增多了，胡适、向达、王重民、于道泉、姜亮夫、王庆菽等陆续赴巴黎、伦敦调查、抄录、拍照、研究敦煌文献。这使得我国学者所接触的敦煌文献大为增多，他们所介绍的敦煌文献的范围也比前一时期广泛得多。在此基础上，他们将归义军政治史的研究范围扩大到了西北各民族变迁史的广阔领域，开展了对金山国史的专题研究，对宗教史的研究也开辟了新的领域,对古代典籍和社会经济文献的整理和研究则更加系统化,开始出现按类或按专题搜集资料进行整理的趋向。在研究方法上,这一阶段创造的用文学体裁的文书研究历史问题和将利用文书与实地踏勘相结合等新方法都对以后的研究产生了深远的影响。这一阶段应以王重民和向达的贡献最大。就整体而言,后一时期国内对敦煌文献的整理和研究的重点在古籍(经史子集四部文献),热点在文学。与同期的日本学界相比,我们的研究领域有待拓宽,如那波利贞对寺院经济文书和社邑文书等世俗文献的整理和研究,在我国尚无人涉足;一些方面研究深度也有差距,未能出现如《沙州归义军节度使始末》那样全面、深入、细致的论文。与西方学者相比,我们在整理、研究少数民族语言文献方面也有明显的差距。敦煌文献之外,这一时期我国学者对敦煌石窟的考察和研究不仅在世界上居于领先地位,同时扩大了敦煌学的研究领域,是值得表彰的亮点。

第二个阶段是1949年至1978年,也可以1966年"文化大革命"开始划分为两个时期。前一时期研究的重心在大陆(内地),后一时期研究重心转移到了台港地区。与国外同行相比,1949至1966年,我们在敦煌石窟艺术、瓜沙史地和四部典籍的整理和研究方面仍略占优势;社会经济方面的研究虽具有自己的理论特色,但深度和广度不及日本学者;宗教史和少数民族历史语言方面的研究则已明显地落后于法、日等国。1966至1976年,大陆(内地)的敦煌学研究基本陷于停顿,台港地区学者却加快了研究步伐,他们所取得的成绩也就更加引人注目。但从整体上看,"文化大革命"时期中国的敦煌学已远远落后于日、法等国,以致出现了"敦煌在中国,敦煌学在国外"的说法。这一时期最深刻的教训就是政治动乱对学术的影响是毁灭性的。

在1949至1978年改革开放前,中国学者依然取得了令人瞩目的成就。首先是陆续推出了一批带有总结性的著作。如总结敦煌文献目录成就的《敦煌遗书总目索引》,总结古籍整理成就的《敦煌古籍叙录》,总结变文研究成果的《敦煌变文汇录》和《敦煌变文集》,总结敦煌曲子词研究成就的《敦煌曲子词集》《敦煌曲校录》《敦煌曲初探》和《敦煌曲》,总结语言音韵成就的《敦煌变文字义通释》《唐五代西北方音》《瀛涯敦煌韵辑》和《瀛涯敦煌韵辑新编》,总结敦煌石窟艺术成就的《敦煌艺术叙录》,等等。这些带总结性的成果既是以往数十年相关研究的总结,又成为以后进一步研究的基础。其次,开辟了很多新的课题和研究领域。如科学院历史所对敦煌经济资料的集录、王重民用敦煌诗补《全唐诗》、陈铁凡对经部文献的整理和校勘、潘重规对敦煌赋的集录、饶宗颐对敦煌白画的专题研究、金维诺对敦煌经变画的系列研究等。以上所列相关成果,虽然在今天看来资料搜集尚不完备,释文也存在不少问题,研究也不无缺憾,但都是披荆斩棘的拓荒者,开拓了某一研究领域或某一研究课题的专题研究,具有筚路蓝缕之功。后人循其途径,继续努力,即可取得更为完善、更加厚重的、带有总结性的成果。再次,有一些领域和专题开始得到学术界关注。如常书鸿对敦煌壁画图案的研究、金维诺对佛教史迹画的研究、郑良树对《春秋后语》的集录、宿白用考古学方法对敦煌石窟及莫高窟营建史的研究、梁思成对敦煌壁画中古代建筑图像的研究、马继兴对敦煌医药文书的研究、席泽宗对敦煌星图的研究、潘吉星对写经纸的研究等。以上所列多为单篇论文,自身价值或许有限,但其所涉及的都是具有重大学术价值和研究空间的领域或课题,可启发读者在相关方面进行更加系统的专题研究,为后来者导夫先路。

从学术史角度来看,以上三类成果的作用是不一样的。推出一个领域带总结性的成果,等于给这个领域树立一座里程碑,后来者要在这一领域继续前进,必须要瞻仰它,也就是绕不过去它。开创某一领域或专题研究的学者实际上是拓荒者和奠基人,通过披荆斩棘,为后来者开辟了道路。最早关注某一领域或专题的学者则是学术上的先行者和引路人,为后人的研究指明了路径。对当代学术繁荣来说,第一类最重要,是这些带有总结性的论著构建起了当代的学术大厦。但对学术的发展和进步而言,后两者更重要,因为它们昭示了学术的未来。

如何才能成为学术领域的拓荒者、奠基人或学术先行者和领路人?从敦煌学学术史上取得重大成就的几位学者来看,他们都具备以下一些特点。

其一是大多具有国际视野。如向达、王重民、饶宗颐、潘重规等,都有长期国外学习工作的经历,或经常参加国际会议,与国际学术界具有密切的联系。因而他们都对国外的学术动态了如指掌。其二是都很注意查阅敦煌遗书原件。王重民、向达都曾较长时间在法、英等国专门查阅敦煌遗书。饶宗颐先生也多次到英、法查阅原件。特别是潘重规先生，工作扎实细致，精益求精。他不辞辛劳，多次往返英、法、俄等国查阅原卷。他发表的释文，都和原卷做过核对，所以往往能解决一些仅靠文献和图版解决不了的问题。他的这种做法，不仅在当时很少有人做到，直到今天也仍然只有少数人能做到，仍值得大力提倡。其三是学术视野都相对比较宽。比如向达先生熟悉考古、历史和中西交通，王重民先生熟悉目录学、史学、文学，饶宗颐的成果则涉及历史、宗教、曲子词、白画等多个领域。这些先生在每个领域所取得的业绩都能达到当时的学术前沿。其成果的特色是视野开阔，能将具体的材料置于广阔的历史背景下进行考察，所以往往能小中见大。四是都有比较深厚的学术基础，在资料占有和学术信息占有方面都具有明显的优势。如饶宗颐先生，具有家学渊源，自幼饱读诗书。其他几位先生也都是从青年时代起就博览群书。由于这些先生都具有丰厚的学术积累，对国内外学术动态了然于胸，又能最大限度地接触原材料，故而能够在课题选择的时候占尽先机。或者完成带总结性的成果，或者发现具有研究潜力的领域。特别值得表彰的是王重民先生，他不仅独立完成了带总结性的《敦煌古籍叙录》和《敦煌曲子词集》，主持完成了带总结性的《敦煌遗书总目索引》，还参与了带总结性的《敦煌变文集》，在国际敦煌学史上竖立了四座丰碑。此外他还开辟了敦煌诗歌的研究领域(补《全唐诗》)。所以王先生在国际敦煌学史上既是奠基者,又是学术先行者和领路人。

中国敦煌学先贤成就的学术业绩,为改革开放以后敦煌学的腾飞奠定了坚实的基础,他们的治学经验,也值得我们认真学习、借鉴、传承。

(本文发表于《光明日报》2019年7月22日,发表时略有删改,此为完整版。)

改革开放以来我国在敦煌遗书整理和研究方面取得的重要成就

改革开放之初,我国的敦煌学研究落后于国外。当时有"敦煌在中国,敦煌学在日本"的说法。经过40多年的努力,中国敦煌学界逐渐改变了上述局面。现在,我们不仅在敦煌学的各主要领域都取得了国际领先的业绩,也完全掌握了国际敦煌学的主导权和话语权。

本文简要介绍近40多年来我国学者在敦煌遗书整理和研究方面的重要成就。

一是资料的整理和刊布。

与中国古代史的其他领域不同,敦煌学的主要资料如敦煌遗书、敦煌简牍和石窟图像都需要在整理刊布后才方便一般学者使用。如敦煌遗书,散在世界各地,一般学者很难直接阅览。在20世纪90年代以前,除少数学者有条件到英、法、俄等国查阅原件,多数中外学者整理研究敦煌遗书所依靠的都是敦煌遗书的缩微胶片和据缩微胶片印制的图版。由于当时摄影设备和技术欠佳，不少世俗文书文字模糊，很难辨认，极大地影响了学术界对这批资料的利用。进入20世纪90年代，四川人民出版社率先推出了由中国社会科学院历史研究所、中国敦煌吐鲁番学会敦煌古文献编辑委员会、英国国家图书馆和伦敦大学亚非学院等单位合编的《英藏敦煌文献》（1—14卷，1990—1995年）大型文献图集。该书是由专业摄影人员用当时先进的摄影设备重拍，而印制则采用了当时刚刚流行的先进的电子分色技术。装帧则采用大八开形式，一版一印，以便最大限度地向读者展示敦煌遗书的文字内容。其图版的清晰度大为提高，原来缩微胶片模糊不清的文字，现在绝大部分可辨认出来。《英藏敦煌文献》大型图集可以说是创造了新的敦煌遗书图版编纂印制范式。在其带动下，上海古籍出版社陆续推出了《俄藏敦煌文献》（1—17册，1992—2001年）、《法藏敦煌西域文献》（1—34册，1995—2005年）和国内诸多藏家的敦煌文献图版。甘肃人民出版社和浙江教育出版社则分别出版了《甘肃藏敦煌文献》（全6册，1999年）和《浙藏敦煌文献》（全1册，2000年）。以国家图书馆出版社出版的《国家图书馆藏敦煌遗书》（1—146册，2005—2012年）为标志，中、英、法、俄四大敦煌遗书藏家和国内外散藏的敦煌遗书图版绝大部分已经刊布，这些文字清晰的文书图版为国内外研究者提供了极大的方便。

由于敦煌遗书的主体是几百年甚或一千多年前的写本，其中保存了大量的唐宋时期的俗体字和异体字，还有不少写本使用河西方音。所以，即使有条件直接查阅敦煌文书，在阅读过程中也会遇到重重困难。为了方便学术界充分利用这批材料，中国敦煌学界所做另一项基础工作就是对敦煌写本进行整理和释录，把手写文本释录成标准的方块汉字。这项工作可以分为两条路径，一是按文献的性质分类释录，一是按收藏地按号依次释录。

最早出版的分类释录文本是张锡厚的《王梵志诗校辑》（中华书局，1983年），可惜释文存在不少问题。其后有项楚《王梵志诗校注》（上海古籍出版社，1991年），后出转精。历史文书的释录以唐耕耦、陆宏基《敦煌社会经济文献真迹释录》（第1辑，书目文献出版社，1986年；第2—5辑，全国图书馆文献缩微复制中心，1990年）为最早，收录了敦煌文献中与社会经济有关的重要文书和价值较高的历史文献1664件。此书虽然在资料搜集、文字释录、文书定名、定性、分类、归类、编排等方面都存在一些问题，但因其具有包容文书量大和附有图版、释文等优点，在很长时间内是史学工作者调查、利用敦煌社会经济文献的重要参考书。分类释录以中国敦煌吐鲁番学会敦煌古文献编辑委员会策划并组织，由江苏古籍出版社出版的《敦煌文献分类录校丛刊》水平最高，影响也最大，这套丛刊共有10种12册，包括《敦煌天文历法文献辑校》（邓文宽，1996年）、《敦煌赋汇》（张锡厚，1996年）、《敦煌佛教经录辑校》（方广锠，1997年）、《敦煌表状笺启书仪辑校》（赵和平，1997年）、《敦煌社邑文书辑校》(宁可、郝春文,1997年)、《敦煌变文讲经文因缘辑校》(周绍良等,1998年)、《敦煌契约文书辑校》(沙知,1998年)、《敦煌医药文献辑校》(马继兴等,1998年)、《敦博本禅籍录校》(邓文宽、荣新江,1998年)、《敦煌〈论语集解〉校证》(李方,1998年)等。这是中国学术界第一次按学科和专题对敦煌文献进行系统搜集、整理的大型学术丛刊,总结了此前几十年相关专题敦煌文献整理和研究的成果,可以说是代表国家水准的标志性工程,出版20多年来是国际敦煌学界引用率最高的图书。此外,由中国学者完成的敦煌文献分类录校本尚有郑炳林《敦煌碑铭赞辑释》(甘肃教育出版社,1992年),黄征、张涌泉《敦煌变文校注》(中华书局,1997年),李正宇《古本敦煌乡土志八种笺证》(新文丰出版社,1998年),徐俊《敦煌诗集残卷辑考》(中华书局,2000年)等多种。至20世纪末,中国学者完成的分类释录文本已经涵盖了敦煌遗书的所有重要类别。在此基础上,张涌泉策划了按经、史、子、集四部分类法重新分类录校各类佛经以外的文书,并于2008年出版了《敦煌经部文献合集》(11册,中华书局,2008年)。该书将现在所知的敦煌经部文献网罗殆尽,文书释文也比以前有了很大提高,是一百年来敦煌经部文献释录的集大成之作。

由于敦煌遗书的内容极为丰富,对其进行分类和归类一直是目录学家和敦煌文献研究者深感棘手的问题。在经过一百多年的努力之后,目前被研究者纳入分类整理范围的仍然只是其中的一部分。所以，分类释录本加在一起实际上并不能反映敦煌遗书的全貌。有鉴于此，郝春文策划并组织实施了以收藏地为单位，以馆藏流水号为序依次释录敦煌社会历史文献的整理路径。经过30多年的努力，"敦煌社会历史文献释录"第一编，《英藏敦煌社会历史文献释录》已经出版了15卷（社会科学文献出版社，2001—2018年），大约是英藏敦煌社会历史文献的一半。假以时日，最终会完成英国、法国、俄罗斯、中国以及全世界各地散藏的敦煌社会历史文献的释录工作。"敦煌社会历史文献释录"是按馆藏流水号，依次对每件敦煌汉文社会历史文献进行释录，将一千多年前的手写文字释录成通行的繁体字，并对原件的错误加以校理，尽可能地解决所涉及文书的定性、定名、定年等问题，每件文书一般包括文书的标题、释文、说明、校记和参考文献等几个部分。其中"参考文献"著录一百多年来学术界研究该文书的有关论著目录，为人们使用、研究提供方便。为了提高释文的准确性，《英藏敦煌社会历史文献释录》整理团队几乎每年都到英国国家图书馆核查原卷，解决依据文书图版无法辨识的文字及其他问题。

以上成果虽然都是对资料的刊布和整理，但仍然属于具有世界意义的成果，因为对敦煌学来说，以上成果均属无可替代的基本资料，不管哪国学者，要想从事敦煌学的研究，都只能使用这些成果。这方面工作，几乎被中国学者垄断了。

二是在敦煌学研究的各个重要领域都推出了总结性的或开创

性的论著。

所谓总结性的论著，是指那些既总结了以往数十年乃至一百多年相关研究，又成为以后进一步研究的基础。这类成果具有代表性的有荣新江《归义军史研究——唐宋时代敦煌历史考索》（上海古籍出版社，1996年），对归义军历代节度使的卒、立、世系与称号，以及归义军政权与中央及周边少数民族政权的关系都进行了深入系统的研究。宋家钰《唐朝户籍法与均田制研究》（中州古籍出版社，1988年），从研究户籍法入手，探明均田制或均田令是国家颁行的有关各级官府和官民私人土地占有的法规。刘进宝《唐宋之际归义军经济史研究》（中国社会科学出版社，2007年），对敦煌遗书中有关归义军的经济资料作了全面检讨。李正宇《敦煌史地新论》（新文丰出版公司，1996年），调查考证了敦煌的古塞城和唐宋时期敦煌县的疆域、四至、绿洲范围、耕植面积、水利灌溉网络、诸山位置等。姜伯勤《唐五代敦煌寺户制度》（中华书局，1987年），考察了敦煌寺户制的各种表现形态及其衰落的演变过程。王卡《敦煌道教文献研究》（中国社会科学出版社，2004年），对敦煌遗书中的道教文献的渊源、性质、名称等作了全面考证。林悟殊《摩尼教及其东渐》（中华书局，1987年）和《古代摩尼教艺术》（淑馨出版社，1995年），系统总结了中古时期的摩尼教史。张涌泉《敦煌俗字研究》（上海教育出版社，1996年），在总结以往几十年敦煌俗字研究成果的基础上，通过大量字例的分类分析，构建了敦煌俗字研究的理论体系。马德《敦煌莫高窟史研究》(甘肃教育出版社,1996年),运用石窟考古学上的崖面使用理论,对莫高窟开凿史进行了深入研究。王进玉《敦煌学和科技史》(甘肃教育出版社,2011年),对敦煌文献和敦煌石窟中的科技资料进行了深入系统考察。

所谓开创性的论著是指该研究开创了某一重要领域。这类成果具有代表性的有季羡林《敦煌吐鲁番吐火罗语研究导论》(新文丰出版公司,1993年),开创了吐火罗语研究的新领域。王永兴

《敦煌吐鲁番吐火罗语研究导论》封面

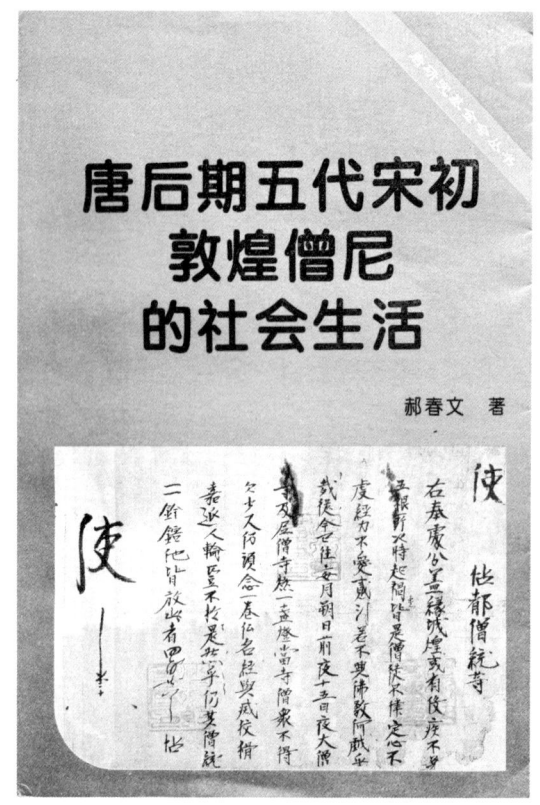

《唐后期五代宋初敦煌僧尼的社会生活》封面

《唐勾检制研究》（上海古籍出版社，1991年），全面考察了唐代上自中央、下到地方的勾检制及其实行情况，填补了唐官制研究的一项空白。高启安《旨酒羔羊——敦煌的饮食文化》（甘肃教育出版社，2007年），开辟了敦煌饮食文化研究的新领域。方广锠《佛教大藏经史》（中国社会科学出版社，1991年），系统考察了汉文大藏经的形成、发展过程。郝春文《唐后期五代宋初敦煌僧尼的社会生活》（中国社会科学出版社，1998年），开辟了利用敦煌遗书研究寺院和僧尼生活的新领域，揭示了与传世记载不同的图景。

中国敦煌学界虽然取得了举世瞩目的巨大成就，但并没有故步自封，而是高举"敦煌在中国，敦煌学在世界"旗帜，积极推动敦煌学的国际化。

而今，中国的敦煌学已与国际敦煌学融为一体。每年都有很多中国的敦煌学者到世界各国参加学术活动，我们也邀请各国的敦煌学者来中国访问和交流，并到哈佛大学、耶鲁大学、普林斯顿大学、伦敦大学、法国远东学院和东洋文库等国际知名大学和研究机构讲学。

（本文发表于《中国社会科学报》2020年4月20日，题为"改革开放后的敦煌遗书整理研究"。）

中国的敦煌学是如何走向世界的

在20世纪80年代,"敦煌在中国,敦煌学在国外"的说法不胫而走,激励中国老中青三代敦煌学人奋起直追。经过20多年的努力,中国敦煌学界逐渐改变了上述局面,到世纪之交,不仅在敦煌学的各主要领域都取得了国际领先的业绩,也逐渐掌握了国际敦煌学的主导权和话语权。

进入21世纪以来,中国敦煌学界积极致力于敦煌学的国际化,除了每年在我国举行一次至数次国际学术会议,邀请外国学者参加外,还和国际敦煌学者一道,在世界各国相继组织了多次国际会议。兹将2000年以后中国敦煌学界在各国参与组织的有关敦煌学的会议开列于下:

2001年11月,日本京都大学,草创期的敦煌学学术研讨会。

2003年3月,日本京都大学,敦煌学国际联络委员会会议。

2005年7月,俄罗斯圣彼得堡,敦煌学国际联络委员会扩大会议。

2007年5月，英国伦敦英国国家图书馆，百年敦煌国际学术研讨会。

2008年3月，日本京都大学，敦煌学国际联络委员会会议。

2009年6月，哈萨克斯坦阿拉木图，丝绸之路上的哈达克斯坦国际学术研讨会。

2009年9月，俄罗斯圣彼得堡，敦煌学国际学术研讨会。

2014年9月，美国普林斯顿大学，敦煌学国际学术研讨会。

2015年1月，日本京都大学，敦煌学国际学术研讨会。

2016年8月，俄罗斯圣彼得堡，敦煌学国际学术研讨会。

2017年11月，韩国外国语大学、又石大学，敦煌与丝绸之路国际学术研讨会。

2018年11月，俄罗斯圣彼得堡，纪念俄罗斯东方学研究200年国际学术研讨会。

2019年4月，英国剑桥大学，敦煌学国际学术研讨会。

可以看出，21世纪以来，中国敦煌学界参与组织的国际会议遍及日、俄、英、美、韩、哈萨克斯坦等国。以在日本和俄罗斯举行的次数为多。

上列在各国举行的国际会议均由中国敦煌学界参与组织，参会者也以中国学者为多，会议的工作语言则多为英语和汉语。毫无疑问，这些国际会议极大地推动了中国的敦煌学者走向国际学术界，并在国际学术舞台上发出了中国的声音。同时，这些国际会议也在客观上推动了举办国敦煌学的发展，为敦煌学这门国际显学的可持续发展不断注入新的活力。

而今，中国的敦煌学已与国际敦煌学融为一体，每年都有很多中国的敦煌学者到各国参加学术活动，我们也邀请各国的敦煌学者来中国访问和交流，并到哈佛大学、耶鲁大学、普林斯顿大学、伦敦大学、法国远东学院和日本东洋文库等国际知名大学和研究机构讲学。让我们感到欣慰和骄傲的是，全世界各国的敦煌学者有共同的话题和对话平台。我们和外国的敦煌学者是在同一对话平台和同一话语体系中进行平等的学术交流。而不是像中国古代的某些断代史研究那样，实际未能进入西方的学术话语体系，中国的研究者和西方的研究者实际是在两个相对独立的话语体系中进行自说自话的研究。

在当今全球化的大背景下，中国人文学科的国际化也应该成为全球化的重要组成部分。如所周知，自然科学因为有达成共识的国际规则或标准，所以其国际化相对比较简单。人文学科包括历史学科由于与意识形态和政治制度的关系比较密切，所以其国际化的路径、策略似乎都有待探索，其国际化程度也有待提高。当今国内社会科学和人文学科，侈谈建立中国话语体系者甚多，似乎谋求通过建立和西方并行的话语体系的说法占据了上风。在这样的背景下，具体分析敦煌学是如何实现国际化的，应对国内其他学科的国际化具有借鉴意义。

一、最根本的是要不断推出具有世界意义的创造性成果

敦煌学国际化的经验表明：要实现一个学科的国际化，最根本的是要不断推出在国际学术界产生重要影响的创造性成果。

改革开放以来，中国敦煌学界陆续推出的具有世界意义的创造性成果可以分为以下几个方面。

一是资料的整理和刊布。

与中国古代史的其他领域不同，敦煌学的主要资料如敦煌遗书、敦煌简牍和石窟图像都需要在整理刊布后才方便一般学者使用。如敦煌遗书，散在世界各地，一般学者很难直接阅览。在20世纪90年代以前，除少数学者有条件到英、法、俄等国查阅原件，多数中外学者整理研究敦煌遗书所依靠的都是敦煌遗书的缩微胶片和据缩微胶片印制的图版。由于当时摄影设备和技术欠佳，不少世俗文书文字模糊，很难辨认，极大地影响了学术界对这批资料的利用。进入20世纪90年代，四川人民出版社率先推出了由中国社会科学院历史研究所、中国敦煌吐鲁番学会敦煌古文献编辑委员会、英国国家图书馆和伦敦大学亚非学院等单位合编的《英藏敦煌文献》（1—14卷，1990—1995年）大型文献图集。该书是由专业摄影人员用当时先进的摄影设备重拍，而印制则采用了当时刚刚流行的先进的电子分色技术。装帧则采用大八开形式，一版一印，以便最大限度地向读者展示敦煌遗书的文字内容。其图版的清晰度大为提高，原来缩微胶片模糊不清的文字，现在绝

大部分可辨认出来。《英藏敦煌文献》大型图集可以说是创造了新的敦煌遗书图版编纂印制范式。在其带动下，上海古籍出版社陆续推出了《俄藏敦煌文献》（1—17册，1992—2001年）、《法藏敦煌西域文献》（1—34册，1995—2005年）和国内诸多藏家的敦煌文献图版。甘肃人民出版社和浙江教育出版社则分别出版了《甘肃藏敦煌文献》（全6册，1999年）和《浙藏敦煌文献》（全1册，2000年）。以国家图书馆出版社出版的《国家图书馆藏敦煌遗书》（1—146册，2005—2012年）为标志，中、英、法、俄四大敦煌遗书藏家和国内外散藏的敦煌遗书图版绝大部分已经刊布，为国内外研究者提供了极大的方便。

由于敦煌遗书的主体是几百年甚或一千多年前的写本，其中保存了大量唐宋时期的俗体字和异体字，还有不少写本使用河西方音。这就要求阅读者不仅要掌握整理敦煌文书有关学科的专门知识，还应当对敦煌的历史、敦煌俗字及河西方音等整理敦煌遗书所需的专门知识有相应的了解。否则，即使有条件直接查阅敦煌文书，在阅读过程中也会遇到重重困难。为了方便学术界充分利用这批材料，中国敦煌学界所做另一项基础工作就是对敦煌写本进行整理和释录，把手写文本释录成标准的方块汉字。这项工作可以分为两条路径，一是按文献的性质分类释录，一是按收藏地之编号依次释录。

最早出版的分类释录文本是张锡厚的《王梵志诗校辑》（中华书局，1983年），但释文错误较多。其后有朱凤玉《王梵志诗研究》（学生书局，1986—1987年），补充了张书未及收录王梵志诗，释文亦多有订正。项楚《王梵志诗校注》（上海古籍出版社，1991年），后出转精，将释文和注释提升到了一个新的水平。历史文书的释录以唐耕耦、陆宏基《敦煌社会经济文献真迹释录》（第1辑，书目文献出版社，1986年；第2—5辑，全国图书馆文献缩微复制中心，1990年）为最早，收录了敦煌文献中与社会经济有关的重要文书和价值较高的历史文献1664件，分34大类。该书在编排上采取上图下文方式，每类分若干细目，按年次先后顺序排列。所收文书都包括定名和录文两项，部分文书附有注释。由于此书收录范围较广，不免在资料搜集、文字释录、文书定名、定性、分类、归类、编排等方面存在一些问题。但因其具有包容文书量大和附有图版、释文等优点，在很长时间内是史学工作者调查、利用敦煌社会经济文献的重要参考书。此书还为敦煌文献研究者分类对社会经济文献作进一步的精细录校奠定了基础。分类释录以中国敦煌吐鲁番学会敦煌古文献编辑委员会策划并组织，由江苏古籍出版社出版的《敦煌文献分类录校丛刊》水平最高，影响也最大，这套丛刊共有10种12册，包括《敦煌天文历法文献辑校》（邓文宽，1996年）、《敦煌赋汇》（张锡厚，1996年）、《敦煌佛教经录辑校》（方广锠，1997年）、《敦煌表状笺启书仪辑校》（赵和平，1997年）、《敦煌社邑文书辑校》（宁可、郝春文，1997年）、《敦煌变文讲经文因缘辑校》（周绍良等，1998年）、《敦煌契约文书辑校》（沙知，1998年）、《敦医药文献辑校》（马继兴等，1998年）、《敦博本禅籍录校》（邓文宽、荣新江，1998年）、《敦煌〈论语集解〉校证》（李方，1998年）等。这是中国学术界第一次按学科和专题对敦煌文献进行系统搜集、整理和研究的大型学术丛刊，总结了此前几十年相关专题敦煌文献整理和研究的成果，在当时可以说是代表国家水平的标志性工程，出版20多年来是国际敦煌学界引用率最高的图书。王三庆《敦煌本古类书〈语对〉研究》（文史哲出版社，1985年），对敦煌本P.2524《语对》进行了深入探讨，认为《语对》上承《类林》，另有增编，下启《籯金》，在私家编纂类书史上占有重要的地位。其后，他又将敦煌写本《修文殿御览》《励忠节钞》《类林》《事林》《事森》《雕玉集》《勤读书抄》《应机抄》《新集文词教林》《新集文词九经抄》《语对》《籯金》《北堂书钞》《蒙求》《兔园策府》《古贤集》《珠玉抄》等类书汇编为《敦煌类书》，上下两巨册（丽文文化事业公司，1993年），分研究篇、录文篇、校笺篇、索引篇及图版篇五个部分，该书是敦煌类书的第一次全面系统的整理，为后来的进一步工作奠定了基础。此外，由中国学者完成的敦煌文献分类录校本尚有郑阿财《敦煌写卷新集文词九经抄研究》（文史哲出版社，1989年）、郑炳林《敦煌碑铭赞辑释》（甘肃教育出版社，1992年）、黄征、张涌泉《敦煌变文校注》（中华书局，1997年）、李正宇《古本敦煌乡土志八种笺证》（新文丰出版社，1998年）、徐俊《敦煌诗集残卷辑考》（中华书局，2000年）等多种。至20世

敦煌類書

潘重規署

王三慶著　郭長城
　　　　　康世昌　助理
　　　　　謝明勳

麗文文化事業股份有限公司

《敦煌类书》封面

纪末，中国学者完成的分类释录文本已经基本涵盖了敦煌遗书的重要类别。在此基础上，张涌泉策划了按经、史、子、集四部分类法重新分类录校各类佛经以外的文书，并于2008年出版了《敦煌经部文献合集》（11册，中华书局）。该书分为"群经类"和"小学类"两大部分。"群经类"包含《周易》《尚书》《诗经》《礼记》《左传》《穀梁传》《论语》《孝经》《尔雅》九经，"小学类"包含韵书、训诂、字书、群书音义、佛经音义五类。书末附有卷号索引，方便读者检索查阅。该书将现在所知的敦煌经部文献网罗殆尽，文书释文也比以前有了很大提高，是一百年来敦煌经部文献释录的集大成之作。

由于敦煌文献的内容极为丰富，对其进行分类和归类一直是目录学家和敦煌文献研究者深感棘手的问题。在经过一百多年的努力之后，目前被研究者纳入分类整理范围的仍然只是其中的一部分，还有大量的文献没有解决分类和归类问题。所以，分类释录本加在一起实际上并不能反映敦煌文献的全貌。有鉴于此，郝春文策划并组织实施了以收藏地为单位，以馆藏流水号为序，依次释录敦煌社会历史文献的整理路径。经过30多年的努力，"敦煌社会历史文献释录"第一编，《英藏敦煌社会历史文献释录》已经出版了16卷（社会科学文献出版社，2001—2020年），大约整理完成了英藏敦煌社会历史文献的一半。假以时日，最终会完成英国、法国、俄罗斯、中国以及全世界各地散藏的敦煌社会历史文献的释录工作，将全部敦煌社会历史文献推向整个学术界。

"敦煌社会历史文献释录"是按馆藏流水号依次对每件敦煌汉文社会历史文献进行释录,将一千多年前的手写文字释录成通行的繁体字,并对原件的错误加以校理,尽可能地解决所涉及文书的定性、定名、定年等问题,每件文书一般包括文书的标题、释文、说明、校记和参考文献等几个部分。其中"参考文献"著录了一百多年来学术界研究该文书的有关论著目录,为人们使用、研究提供了方便。为了提高释文的准确性,《英藏敦煌社会历史文献释录》整理团队几乎每年都到英国国家图书馆核查原卷,根据原卷修正了之前释录中存在的问题。如据原卷核对朱书文字及朱笔校改之处、增补遗漏的文书和文字、辨认图版不清或完全不能释读的文字等,以及了解文书形态、纠正以前图版拍摄中排序错误等问题。

与此同时,记录敦煌石窟基本情况的著述和画册也陆续刊布。最早出版的是敦煌文物研究所整理的包括窟形、塑像、壁画、供养人题记等内容的《敦煌莫高窟内容总录》(文物出版社,1982年)。此书后来经过修订,增加了敦煌西千佛洞、东千佛洞和瓜州榆林窟、肃北五个庙石窟的内容,更名为《敦煌石窟内容总录》(文物出版社,1996年)。另一部重要资料集是敦煌研究院编撰的《敦煌莫高窟供养人题记》(文物出版社,1986年)。以上两书都是研究院几代学人辛勤劳动的结晶,至今仍是了解敦煌石窟的基本资料。彭金章主编的《敦煌莫高窟北区石窟》(3卷,文物出版社,2000—2004年),则刊布了莫高窟北区的文物和文献资料。

石窟图像资料的编纂出版也取得了巨大成就。最早出版的是由敦煌文物研究所编纂的《中国石窟·敦煌莫高窟》（5卷），按照年代顺序收入152个洞窟有代表性的彩塑和壁画，以及200幅窟龛照片，每卷发表图版192—300幅，论文2—5篇，并有图版说明、大事年表和实测图，还附有各石窟群的内容总录。这五巨册系列图书在当时可谓鸿篇巨制，相当系统全面地发表了莫高窟艺术的重要作品和论文等研究参考资料，反映了当时最新的研究水平。该书采用大16开精装，印刷精美，图版清晰。和此前的同类图书相比，无论内容、质量还是形式，都提升到了一个新的水平，为中外学术界了解和研究敦煌莫高窟提供了重要的图像和研究资料，出版以来为世界各国学术界所瞩目。由于当时国内的印刷条件有限，初版是在1980年由日本平凡出版社出版。段文杰主编的《中国美术全集29·敦煌彩塑》（上海人民美术出版社，1987年），和《中国美术全集14·敦煌壁画（上）》《中国美术全集15·敦煌壁画（下）》（上海人民美术出版社，1985年），也是较早出版的大型敦煌石窟彩塑和壁画的图集，并附有图版说明和相关论文。限于当时国内的印刷条件，该书图版不如《中国石窟·敦煌莫高窟》清晰。其后是敦煌研究院与江苏美术出版社合编的《敦煌石窟艺术》（21册，江苏美术出版社，1993—1998年），这套八开本巨型画册是以洞窟为单元，全景式收录莫高窟和榆林窟代表性洞窟的形制、彩塑和壁画图版，并附

《中国石窟·敦煌莫高窟》封面

有图版说明和相关研究论文。而由香港商务印书馆于1999年至2005年陆续推出的26卷本《敦煌石窟全集》，则分别由敦煌研究院的专家主编，该书除第一卷为总论外，其他各卷则是敦煌石窟壁画的分类画册。包括尊像画、本生因缘故事画、佛传故事画、阿弥陀经画、弥勒经画、法华经画、塑像、报恩经画、密教画、楞伽经画、佛教东传故事画、图案、飞天画、音乐画、舞蹈画、山水画、动物画、建筑画、石窟建筑、科学技术画、服饰画、民俗画、交通画等。这些以洞窟为单元的分类画册为国内外研究者提供了基本研究资料。

之所以把以上对资料的刊布和整理定义为具有世界意义的成果，是因为对敦煌学来说，以上成果均属无可替代的基本资料，不管哪国学者，要想从事敦煌学的研究，都只能使用这些成果。这方面工作，几乎被中国学者垄断了。

二是在敦煌学研究的各个重要领域都推出了总结性的或开创性的论著。

所谓总结性的论著，是指那些既是以往数十年乃至一百多年相关研究的总结，又成为以后进一步研究的基础。这类成果具有代表性的有荣新江《归义军史研究——唐宋时代敦煌历史考索》（上海古籍出版社，1996年），对归义军历代节度使的卒、立、世系与称号，以及归义军政权与中央及周边少数民族政权的关系都做了深入系统的研究。宋家钰《唐朝户籍法与均田制研究》（中州古籍出版社，1988年），从研究户籍法入手，探明均田制或均田令是国家颁行的有关各级官府和官民私人土地占有的法规。其中关于土地收授的规定，收回的主要是户绝田、逃死户田等，授给低于本地请授田标准的民户。刘进宝《唐宋之际归义军经济史研究》（中国社会科学出版社，2007年），对敦煌遗书中有关归义军的经济资料进行全面检讨。李正宇《敦煌史地新论》（新文丰出版公司，1996年），调查考证了敦煌的古塞城和唐宋时期敦煌县的疆域、四至、绿洲范围、耕植面积、水利灌溉网络、诸山位置等，绘制出了敦煌塞城及唐宋时期敦煌十二乡位置及渠系分布示意图、五代沙州归义军辖境诸山位置关系图。姜伯勤《唐五代敦煌寺户制度》（中华书局，1987年），考察了敦煌寺户制的各种表现形态及其衰落的演变过程。王卡《敦煌道教文献研究》（中国社会科学出版社，2004年），对敦煌遗书中的道教文献的渊源、性质、名称等进行了全面考证。林悟殊《摩尼教及其东渐》（中华书局，1987年）和《古代摩尼教艺术》（淑馨出版社，1995年），对中古时期的摩尼教史作了系统总结。张涌泉《敦煌俗字研究》（上海教育出版社，1996年），在总结以往几十年敦煌俗字研究成果的基础上，通过大量字例的分类分析，构建了敦煌俗字研究的理论体系。马德《敦煌莫高窟史研究》（甘肃教育出版社，1996年），运用石窟考古学上的崖面使用理论，结合造像功德记和供养人题记及史籍等多方面的相关资料，对莫高窟开凿史进行了深入研究。王进玉《敦煌学和科技史》（甘肃教育出版社，2011年），对敦煌文献和敦煌石窟中的科技资料进行了深入系考察。

所谓开创性的论著是指该研究开创了某一重要领域。这类成果具有代表性的有季羡林《敦煌吐鲁番吐火罗语研究导论》（新文丰出版公司，1993年），考察了吐火罗语资料的发现及其内容、价值和研究方法，并探讨了吐火罗语两个方言之间及与其他语言的关系。王永兴《唐勾检制研究》（上海古籍出版社，1991年），依据史籍中有关唐代勾官和勾检制度的记载，结合敦煌吐鲁番文书中的勾官进行勾检的实际记录，全面考察了唐代上自中央、下到地方的勾检制及其实行情况，填补了唐官制研究的一项空白。高启安《旨酒羔羊——敦煌的饮食文化》（甘肃教育出版社，2007年），开辟了敦煌饮食文化研究的新领域。方广锠《佛教大藏经史》（中国社会科学出版社，1991年），将敦煌文献中的资料与传世资料、金石资料结合起来，系统考察了汉文大藏经的形成、发展过程。郝春文《唐后期五代宋初敦煌僧尼的社会生活》（中国社会科学出版社，1998年），开辟了利用敦煌遗书研究寺院和僧尼生活的新领域，揭示了与传世记载不同的图景。樊锦诗、蔡伟堂等《敦煌石窟全集·第1卷·莫高窟第266—275窟考古报告》（文物出版社，2011年），以文字、测绘和照相等各种记录手段，逐窟记录洞窟位置，窟外立面，洞窟结构、塑像和壁画，洞窟保存状况，以及附属题记等全部内容，不仅是洞窟最翔实的"档案资料"，还为以后同类石窟考古报告的撰写提供了新的范式。史苇湘《敦煌历史与莫高窟艺术研究》（甘肃教育出版社，2002年），开创了运用艺术社会学研究敦煌石窟的途径，提出了敦煌本土文化论和石窟皆史等理论。赵声良《敦煌艺术十讲》（上海古籍出版社，2007年），开辟了从美术史角度探索敦煌艺术的新路径。姜伯勤《敦煌吐鲁番文书与丝绸之路》（文物出版社，1994年），探讨了与"东西方贸易担当者"——粟特人有关丝路的实况，并考察了波斯通往敦煌吐鲁番的"白银之路"、敦煌吐鲁番通往印度的"香药之路"以及曾在敦煌流行的波斯文化和天竺文化。

上列带有总结性的论著和具有开创性的论著有时不易区分，不少论著同时兼具这两种质量。这类作品的代表是季羡林主编的《敦煌学大辞典》（上海辞书出版社，1998年）。此书虽为工具书，却集中了数十位敦煌学者的力量，耗时十余年而成，全面总结了近百年敦煌学各个方面的成果，首次以辞书的形式将这些成果展现出来。所以该书既具有学术性，又具有知识性；既具有总结性，又具有开创性。

中国敦煌学界在推出以上具有世界意义的成果的过程中，涌现了一大批国际知名学者。这批学者的群体特色是甘于寂寞、甘于坐冷板凳，十几年甚至几十年埋头于具体的学术研究。既不为世俗之功名利禄所左右，亦不为功利性甚强之学术评价体系所绑架，一心一意，醉心学术。

最值得骄傲的是一批中青年学者在近年迅速崛起，令世界瞩目，他们都已经在某一领域取得了重要成就。如陈明对敦煌医疗与社会的研究、侯冲和汪娟对佛教仪式文书的整理和研究、刘屹对敦煌道教文献的整理与研究、冯培红对归义军和河西史地的研究、沙武田对敦煌石窟艺术的研究、余欣对敦煌民生宗教的研究、张小艳对敦煌语言文字的研究、赵贞对唐五代敦煌社会文化的研究、陈于柱对敦煌占卜文书的研究、游自勇对阴阳五行与政治关系的研究、张小贵对三夷教的研究、李军对晚唐归义军史的研究、陈大为对敦煌寺院的研究，等等。中青年学者的成长是中国敦煌学兴旺发达的希望所在。一大批具有世界影响的成果和人才的涌现，为中国敦煌学的国际化创造了有利条件。

当然，学术领先并不意味着会自然而然地实现国际化。中国学术界在融入世界的过程中，还需要在主观和客观上积极创造其他有利的条件。

二、实现国际化的其他重要条件

首先，要有广阔的胸怀和世界眼光。

早在1988年，当"敦煌在中国，敦煌学在国外"的说法尚未完全失去市场的时候，时任中国敦煌吐鲁番学会会长季羡林先生就提出了"敦煌在中国，敦煌学在世界"，得到了中外学术界的热烈响应。敦煌古代文化遗产是我们的祖先创造的，我们中国人有义务对其进行全面深入的研究，才不辜负我们的先民。但《诗经》说，"他山之石，可以攻玉"，所以我们也同时应该欢迎各国学者对其进行研究。这才是一个具有优秀传统文化的民族应该具有的博大胸怀。

30多年来，几代中国敦煌学人始终牢记老会长季羡林先生的重托，"敦煌学在世界"已经成为国际敦煌学界的共识，得到了高度认同，我们始终把敦煌学的国际化作为重要的目标。敦煌学实现国际化的过程表明，提高站位和开阔心胸是实现国际化的前提。

其次，要和世界上最顶尖的学校和最好的学者保持友好的密切的联系。

中国敦煌学界和世界上最好的大学，如剑桥大学、哈佛大学、耶鲁大学、普林斯顿大学、京都大学等高校，和英国国家图书馆、法国国家图书馆、俄罗斯联邦科学院东方文献研究所等敦煌遗书收藏单位的有关学者都有密切联系和友好的关系，互相访问、讲学已经常态化。我们还和中、日、英、美、法、德、俄、哈萨克斯坦等国知名学者一起组织了敦煌学联络委员会，这是一个民间学术团体，负责组织协调在各国举办敦煌学国际会议。目前中国的敦煌学联络委员会委员有七位，其他各国一般是一至二位。前列在各国组织的国际敦煌学会议，多是由各国的敦煌学联络委员会委员具体组织的。此外，中国敦煌吐鲁番学会还遴选了日、英、美、俄等国的知名学者作为学会的海外理事。通过这些办法，把各国敦煌学学者团结在一起。

再次，注意在国际舞台上树立中国学者群体的良好形象。

《2022敦煌学国际联络委员会通讯》封面

中国是有悠久历史和文化的礼仪之邦。所以，我们要求中国的敦煌学者在国际舞台上行、坐、言谈举止以及待人接物都应该彬彬有礼，充分尊重国外的风俗习惯。

最后，融入世界要讲究策略和方式。

所谓国际化实际上就是我们融入国际秩序体系中。首先应该处理的问题就是如何对待国际规则和惯例。当今的国际规则和惯例包括学术规则和惯例都是在历史上形成的，基本上是发达国家制定的或约定俗成的，基本反映的是发达国家的价值、认识、习惯、风俗和惯例。毋庸讳言，这些规则和惯例肯定有不合理的地方，有些可能对发展中国家和欠发达国家不利。对于"后国际化"的国家来说，我以为最优的路径就是先承认和遵循这些惯例和规则，等到我们融入其中之后，我们的声音足够大了，再逐渐把中国的元素添加进去。

所以，中国敦煌学界在国外参加学术活动时，都充分尊重国外通行的规则和惯例。在与外国学者交往的过程中，我们还坚持将交往的边界设定在学术范围内，尽量避免涉及双方敏感的政治话题。

当今的世界，西方国家无论是国家之间还是各国国内，各种不同看法或意见的争论都在加剧，精英阶层和草根阶层的关系被撕裂，有的甚至引起了政治动荡。这样的大背景对历史学的国际化肯定会产生不利的影响。我们应该用和谐包容、和而不同、求同存异等东方智慧来化解在国际化过程中可能遇到的不利因素。

（本文原载陈益源主编《汉学与东亚文化研究——王三庆教授七秩华诞祝寿论文集》，台湾万卷楼图书股份有限公司2020年。）

用新范式和新视角开辟敦煌学的新领域

自改革开放以来,经过40多年的努力,中国学者在国际敦煌学的各个重要领域都推出了世界公认的带有总结性或具有开创性的成果,完全改变了"敦煌在中国,敦煌学在国外"的局面,掌握了国际敦煌学发展的主导权和话语权,这是中国学者的骄傲,也提升了我国在世界上的学术地位。

同时也应该看到,虽然中国敦煌学已经取得了骄人的业绩,但未来我们仍有很多工作要做,我们的工作也还有许多不足和值得改进的地方。本文拟对敦煌学未来发展试做展望。

一、敦煌遗书的图版和释文等都需要用新的编纂和印制范式升级换代

首先是敦煌遗书的图版需要升级换代。改革开放以来,经过中国敦煌学界和出版界的不懈努力,基本完成了敦煌遗书图版的

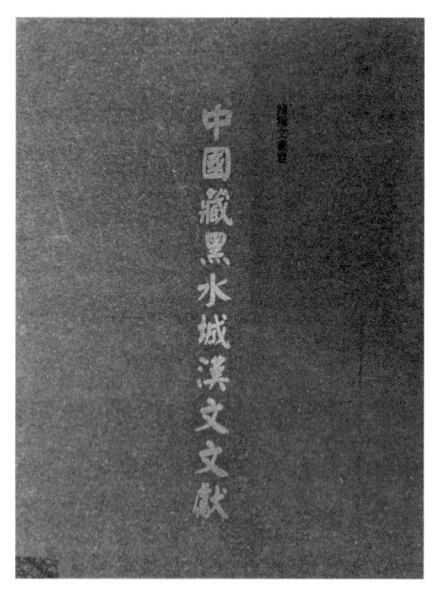

《中国藏黑水城汉文文献》封面

刊布工作。但以往公布的敦煌遗书图版的主体部分都是黑白图版。由于敦煌写本中有很多朱笔校改或句读,这些朱色墨迹在黑白图版上很难显示;又由于敦煌写本写于几百年乃至一千多年前,有的墨迹已经脱落;有的写本有很多污渍,污染或遮蔽了原来的文字。这类文字在黑白图版中也很难辨识。如果是高清彩色图版或红外摄影图版,就可以在很大程度上解决黑白图版存在的问题。塔拉、杜建录、高国祥主编的《中国藏黑水城汉文文献》(10册)已经实现了全彩写真印刷。而甘肃简牍博物馆等编《悬泉汉简(壹)》(上下册)则更进一步,包括所收全部简牍的彩色图版和红外图版。比较而言,敦煌遗书的黑白图版已经明显落伍了,需要重新编纂出版全彩写真图版(必要时另加红外摄影图版)。这项工作既需要国际协作,也需要敦煌学者和出版人的通力合作。希望能在10至20年时间内完成敦煌遗书图版的升级换代工作。

其次，敦煌文献的分类释录本也需要升级换代。

长期以来，对敦煌遗书的文献学整理，绝大多数是对敦煌文献文本的释录和校勘。而再整理则是对原来文字版的修订或补充。进入21世纪以后，出现了分类整理文本附有所收全部文书的高清彩色图版，而且文书文字部分和图版均采用彩印模式。这是新的升级版的分类整理模式，其代表是王淑民的《英藏敦煌医学文献图影与注疏》和沈澍农主编的《敦煌吐鲁番医药文献新辑校》。分类整理文本附有高清彩色图版，极大地方便了读者依据图版核对释文。

未来的敦煌分类整理本都应该是图文对照本，即包括文书释文和高清彩色图版并采用全彩印，再加上精校和核查原卷。图文对照本的排版格式应该是彩色图版和释文分别放置在不同的页面，采用这种图文对照的排版格式，再加上适当加大书籍开本，才能保证文书图版拥有可使文字足够清晰的空间。用这样的标准衡量，过去完成的分类释录本都有升级换代的问题。仅释录某类文字再加几张黑白或彩色图版的分类整理模式已经过时了。用新的整理模式重新整理原有分类录校本，是最近20年内敦煌学界应该完成的任务。

需要升级换代的，还有敦煌遗书总目录。由于敦煌遗书内容庞杂，又散在世界各地，编纂一部包括世界各地收藏的敦煌遗书的总目录的重要意义是不言而喻的。但目前最全的敦煌遗书总目录是1962年出版的《敦煌遗书总目索引》，反映的是50多年前的情况，当然未能包括其后出版的俄藏目录和20世纪80年代以来国内外陆续公布的很多公私藏家目录。2000年出版的《敦煌遗书总目索引新编》，不仅没有收录1962年以来国内外新公布的公私藏家目录，还删掉了原《敦煌遗书总目索引》中的散藏目录，只收录了英藏（著录到6980号）、法藏和国图藏品目录。因而，《敦煌遗书总目索引新编》只是英、法和中国国图三大藏家的目录，实际上已经不能称为敦煌遗书"总目"了。这样看来，编纂一部新的真正包括全世界各地收藏的敦煌遗书的总目录，可以说是当务之急。这样一部总目录不仅是敦煌学界所急需，也可为其他学科学者了解敦煌遗书提供方便。

二、积极探索用新范式和新视角开辟敦煌学的新领域

未来敦煌学的发展，还要积极探索用新的范式和新视角来开辟新的研究领域，21世纪以来，我国学者在这方面也做了很多有益的探索。

对敦煌文献的整理和研究而言，通常使用的是文献学的范式和历史学的范式，当然这两种范式在具体的研究中有时会有交叉或重合。所谓文献学的范式主要包括文字释读和写本的定性、定名、定年等内容。历史学的范式则是将经过处理的文本放到一定的历史背景下做历时性和共时性的考察。比较而言，文献学范式属于基础性工作，而历史学范式则是利用文献学范式的成果作进

一步深入研究。对敦煌文献的整理和研究来说，以往所做的工作主要是文献学工作，利用史学范式对其开展深入研究还需要进一步加强。我国学界从文献学范式转换为历史学范式比较成功的课题是有关敦煌写本书仪的整理和研究。在20世纪八九十年代，赵和平经过长期的艰苦努力，完成了《敦煌写本书仪研究》《敦煌表状笺启书仪辑校》《敦煌本〈甘棠集〉研究》等著作，这些成果基本完成了对敦煌写本书仪的文字释录和定性、定名、定年等文献学范式所应处理的工作。在此基础上，吴丽娱通过《唐礼撷遗——中古书仪研究》及相关系列论文，深入探索了书仪与社会的关系，包括书仪自身发展的背景（渊源、发展和流变及其原因），书仪与礼、政治、制度、习俗的交互影响，这就使敦煌书仪从被整理的文本资料转换成了历史学的研究资料。这个个案值得其他领域借鉴。

敦煌遗书的主体是印刷文本流行之前的手写文本。早年学界主要关注的是敦煌写本的文字内容，对写本自身的特点关注不多。进入21世纪以来，专门关注写本特点的敦煌写本学悄然兴起，现在已经发展成为引人注目的新范式，成为敦煌学的新的分支或研究领域。我国学者不仅在敦煌写本学理论方面进行了很多探索，用写本学范式对敦煌写本进行研究的成果也日益增多。理论方面的探索如张涌泉之《敦煌写本文献学》，是全面考察敦煌写本文献特点的集大成之作。郝春文《敦煌写本〈六十甲子纳音〉相关问题补说》，是运用写本学方法研究敦煌写本"六十甲子纳音"的个案，该文在通检各写本具体情况的基础上，将敦煌写本"六十甲子纳音"区分为正式文本和随意抄写的文本等四类，借以说明对个体性很强的敦煌写本来说，即使是内容完全相同的文本，由于抄写目的的差异，其性质和用途也可能判然有别。方广锠对敦煌遗书中多主题遗书的类型研究，段真子考定内容连贯完整的BD3024《八相变》是由具有不同版本来源、抄写时间不一的六组写本粘贴而成。这些案例都是通过研究实践展示敦煌写本的特征。伏俊琏《写本时期文学作品的结集——以敦煌写本Дx3871+P.2555为例》，通过分析文学写本内容的构成框架来探寻结集者的思想、情绪和心灵世界，是用写本学范式研究敦煌写本的另一种尝试。

写本学之外，社会学范式也被引入敦煌文献研究中。如孟宪实《敦煌民间结社研究》，利用社会学范式，重点从结构、功能的视角重新解读敦煌写本社邑文书，以及敦煌社邑及其活动，这是以往文献学和历史学范式未曾涉及的视角。佛教本生故事画的产生及其社会功能研究也成为不少学者关注的问题。如在对睒子本生故事画、鹿王本生故事画和须达拏太子本生故事画等的研究中，学者们开始思考图像产生的社会、宗教背景，以及图像背后的宗教功能，体现出了将艺术史和宗教学、社会学紧密结合的研究范式逐步得到应用。钟海波《敦煌讲唱文学叙事研究》和王昊《敦煌小说及其叙事艺术》，则是利用叙事学范式重新解读敦煌的讲唱文学和小说，分析了敦煌词文、变文、故事赋、话本和小说的情节、结构、人物、语言、叙述者和修辞等。胡连利《敦煌变文传播研究》，从传播学视角考察了敦煌变文作为一种特殊的文学样式在文学传播史上具有的独特意义，由此探讨变文的传播所反映的文化意义。邹清泉将藏经洞约1173件《维摩诘经》写卷看作一个整体，通过中古敦煌《维摩诘经》的翻译、书写、流传与庋藏情况来考察该经的传播史。这是利用传播学的范式考察敦煌佛教典籍的流布情况。

把原有的研究范式扩大到新的领域，可以说是另一种形式的研究范式转变。如语言学界自21世纪以来将书仪（张小艳《敦煌书仪语言研究》）、社会经济文书（黑维强《敦煌、吐鲁番社会经济文献词汇研究》）、法律文书（王启涛《中古及近代法制文书语言研究——以敦煌文书为中心》）、宗教典籍（于淑健《敦煌佛典语词和俗字研究——以敦煌古佚和疑伪经为中心》、叶贵良《敦煌道经词语考释》）和契约（陈晓强《敦煌契约文书语言研究》）等扩充为语言文字研究的材料，对语言学来说这是扩大语料范围，对书仪等领域而言，就是采用了新的范式对其进行研究。

总体来看，敦煌学界在利用新范式和开拓新视角方面的成果还不够多，与其他学科相比存在明显的差距，应该进一步加强。

（本文发表于《光明日报》2020年8月17日。）

敦煌学流光百年，历久弥新
——莫高窟藏经洞发现 120 周年新书访谈

光明悦读：1930 年，陈寅恪先生在《敦煌劫余录》一书序言中，正式提出敦煌学的概念。何谓敦煌学？

郝春文：敦煌学是以敦煌遗书、敦煌石窟艺术、敦煌史迹和敦煌学理论等为主要研究对象，包括上述研究对象所涉及的历史、地理、社会、哲学、宗教、考古、艺术、语言、文学、民族、音乐、舞蹈、建筑、科技等诸多学科的新兴交叉学科。这门学科的独特魅力首先在于其多科性，它不仅涉及人文社会科学的诸多学科，还涉及如医学、数学、建筑、天文等理工学科，属于交叉学科。敦煌学的第二个特点是因地名学，地就是敦煌，这个是因为它的研究对象是古代敦煌地区保存下来的文化遗产。至于敦煌学这个名词，在陈寅恪先生之前，日本学者石滨纯太郎在 1925 年大阪怀德堂的夏期讲座上已经使用过。但因大阪并非当时日本的学术中心，所以，石滨纯太郎虽然在 1925 年就使用了"敦煌学"

一词，但影响不大，并未使该名词流行开来，因而仅具有掌故意义。陈先生独立创造的敦煌学虽然比日本人晚了几年，但因其发表于在国际上具有很大影响的《史语所集刊》，遂使这一名词在中国学术界不胫而走，并为国际学界所接受。

光明悦读：您新近出版的《当代中国敦煌学研究》，对我国敦煌学研究百年历程做了怎样的详尽梳理？

郝春文：如果从1909年中国学者出版第一批有关敦煌学的著述算起，中国的敦煌学已有一百多年历史，可以划分为四个阶段，即1909年至1949年建国前为第一阶段，1949年至1978年改革开放前为第二阶段，1978年改革开放后至2000年为第三阶段，2001年至2019年为第四阶段。第一阶段可以1930年为界分为两个时期。即1909年至1930年为第一个时期，这是敦煌学兴起的时期。1931年至1949年是第二个时期。这一时期的重要特点是我国学者到国外调查敦煌文献的增多了，他们所介绍的敦煌文献的范围也比前一时期广泛得多。第二阶段（1949年至1978年）也可以1966年"文化大革命"开始划分为两个时期。前一时期研究的重心在大陆（内地），是我国敦煌学稳步发展时期，取得了令世人瞩目的成就。这一时期的成就为改革开放以后我国敦煌学的腾飞奠定了坚实的基础。1966年"文化大革命"开始至1978年改革开放前是第二个时期。这一时期，大陆（内地）的敦煌学研究基本陷于停顿，台港地区学者却加快了研究步伐，他们所取得的成绩也就更加引人注目。第三阶段（1978年至2000

年)是我国敦煌学的快速发展时期。经过老中青三代学者20多年的不懈努力,完全改变了"敦煌在中国,敦煌学在日本"的局面,掌握了国际敦煌学的主导权和话语权。第四阶段(2001年至2019年)则是我国敦煌学开始转型的阶段,如何在20世纪研究的基础上将敦煌学研究进一步推向深入,成为中国敦煌学界关注的热点议题。纵观百年中国敦煌学史,虽然也曾出现短暂的曲折,但整体上看,中国学者在各个阶段都取得了骄人的业绩,作出了无愧于时代的贡献。特别是改革开放以后,中国敦煌学界在不利的情况下奋起直追,不仅在敦煌学的各主要领域都取得了国际领先的业绩,同时敦煌学的研究队伍也不断壮大,并培养出了一大批中青年研究人才。

光明悦读:敦煌学研究最为重要的发现是什么,填补了哪些空白?

郝春文:历史学方面,依据对敦煌文献中保存的汉文、吐蕃文、回鹘文、于阗文、粟特文等文种的公私文书的研究,改写了9世纪中叶至11世纪初敦煌乃至西北地区的历史,使我们对这一时段我国西北地区民族变迁、各民族的政治经济文化状况与相互间的交往有了全新的了解;而对敦煌文献中有关唐代均田资料的深入研究为长期存在的"均田制实施与否"的争论画上了圆满的句号,并对均田制的实质形成了新的认识;对敦煌、吐鲁番文献中勾检资料的研究,则填补了唐代勾官和勾检制度研究的空白。宗教史方面,对敦煌遗书中寺院和僧尼生活资料的研究,使学术界对中国古代寺院和僧尼生活有了全新的了解。语言文学方面，对敦煌俗字的研究填补了4至11世纪写本俗字研究的空白；而对敦煌变文、讲经文等文学资料的研究则解决了鼓子词、诸宫调、词话、宝卷等后代流行的民间讲唱文学的来源问题。敦煌石窟艺术方面，对敦煌石窟以及其他佛教石窟寺的研究，也使学界对4至11世纪中国美术史有了全新的认识。而对敦煌写本装帧形态的研究则填补了中古时期写本装帧形态研究的空白。

光明悦读：您的新书中不止一次提出，我国已经掌握了敦煌学研究的国际话语权，依据何在？

郝春文："敦煌在中国，敦煌学在日本"的说法，在改革开放之初曾一度流行。改变这样一种状况的标志，是中国学者推出了一系列具有世界意义的创造性成果。

在资料的整理和刊布方面，中国学者编纂并陆续出版了《英藏敦煌文献》等一系列大型敦煌遗书图集，陆续公布了中、英、法、俄四大敦煌遗书藏家和部分国内外散藏敦煌遗书的图版。敦煌遗书释文的整理和刊布方面，中国学者陆续推出了《敦煌文献分类录校丛刊》《敦煌经部文献合集》等一系列敦煌遗书分类释录文本，已经基本涵盖了敦煌遗书的重要类别。与此同时，中国学者编纂出版了《敦煌石窟内容总录》《敦煌莫高窟供养人题记》《中国石窟·敦煌莫高窟》《敦煌石窟艺术》《敦煌石窟全集·第1卷·莫高窟第266—275窟考古报告》等一系列记录敦煌石窟的基本资料。之所以把以上对资料的刊布和整理定义为具有世界意义的创造性成果，是因为对敦煌学来说，以上成果均属无可替代的基本资料，不管哪国学者，要想从事敦煌学的研究，都只能使用这些资料。而资料整理和刊布方面的工作，几乎被中国学者垄断了。

在研究方面，中国学者在敦煌学研究的各个重要领域都推出了总结性的或开创性的论著。所谓总结性的论著，是指那些既是以往数十年乃至一百多年相关研究的总结，又成为以后进一步研究的基础。这类成果具有代表性的有《归义军史研究》《唐五代敦煌寺户制度》《摩尼教及其东渐》《敦煌俗字研究》等。所谓开创性的论著是指该研究开创了某一重要领域。这类成果具有代表性的有《敦煌吐鲁番吐火罗语研究导论》《唐勾检制研究》《佛教大藏经史》《唐后期五代宋初敦煌僧尼的社会生活》等。正是由于以上各方面、各领域具有原创性成果的大量涌现，才逐渐改变了"敦煌在中国，敦煌学在日本"的学术景观，使中国学者成为国际敦煌学研究的主力军。与此同时，中国的敦煌学也走向了世界，逐渐掌握了国际敦煌学的主导权和话语权。

光明悦读：掌握国际话语权的原因是什么？

郝春文：主要原因是爱国主义精神的激励。改革开放之初，我国的敦煌学研究远远落后于日本和法国等国家，面对这样的局面，当时我国的老中青三代学者心中都憋着一股劲，都决心要通过自己的研究业绩改变中国敦煌学落后的局面，提高中国敦煌学在国际上的地位。为了实现这样的目标，一大批中国敦煌学者长期甘于寂寞、甘于坐冷板凳,十几年甚至几十年埋头于具体的学术研究。既不为世俗之功名利禄所左右,亦不为功利性甚强之学术评价体系所绑架,一心一意,醉心学术。如方广锠教授为调查敦煌遗书的收藏情况,曾遍访英、法、俄、日、美等诸多敦煌遗书藏家,成为当今世界上接触敦煌遗书原件最多的学者。而上海古籍出版社的摄影师和编辑在国外拍照和整理敦煌遗书时,白天上班时间忙于拍照和著录,晚上回到住处还要冲洗照片、检查拍照质量,常常忙到深夜。正是由于一大批中国敦煌学者夜以继日的不懈努力,才逐渐改变了中国敦煌学的落后局面。

光明悦读:我国的敦煌学研究,与国外敦煌学研究相比,特点是什么?优势与不足分别是什么?

郝春文:《诗经》说,"他山之石,可以攻玉"。敦煌文化遗产是我们祖先留下来的,我们有义务比外国人研究得多一些、好一些。但我们同时也欢迎外国学者开展敦煌学研究。我们的口号是"敦煌在中国,敦煌学在世界"。现在,我国的敦煌学在敦煌石窟艺术、敦煌历史地理、敦煌语言文学、敦煌科技文献的整理与研究等方面在国际上都具有明显的优势。但在梵文、于阗文、回鹘文、吐蕃文等少数民族语言文字研究方面,我们的相关研究学者还不够多,水平也与国外尚有差距。即使在我们占有优势的研究领域,国外学者的研究在研究方法和选题视角等方面也能给我们宝贵的启示。让我们感到欣慰和骄傲的是,全世界各国的敦煌学者有共同的话题和对话平台。我们和外国的敦煌学者是在同一对话平台和同一话语体系中进行平等的学术交流。

光明悦读：怎样挖掘敦煌文化历史遗存背后的思想？又怎样为新时代发展提供精神支撑？

郝春文：敦煌古代文化遗产的主体是公元4世纪至11世纪的文化遗存。在这个时期，中国是世界上制度最先进、经济最发达、文化最兴盛的国度，科学技术也处于世界领先的地位。敦煌石窟艺术和敦煌遗书等文化遗产所展现的就是这样一个时期的社会风貌，因而对其进行深入研究可以展示古代中国处于世界领先时期的风采。要而言之，敦煌古代文化遗产所展示的时代精神，具有追求宏大和厚重的情怀、女性处于开放和张扬的时代、对外来文化持开放和包容的态度等几个鲜明的特征。这些可以让我们真切地感受到中华民族处于领先时期充满活力的脉动。那些楚楚动人的菩萨、勇猛刚毅的天王、精美绝伦的绢画和令人叹为观止的精致古代文书等至今仍有震撼人心的魅力，向我们诉说着我们先人曾经创造的辉煌。这些都是对广大人民群众特别是青少年进行爱国主义教育的最好教材，具有无可替代的价值。

对敦煌古代文化遗产进行深入研究，还可以使我们获得很多宝贵的启示，激发当代人的创新灵感，创作出新的精神文明和物质文明成果。如我国的舞蹈工作者在借鉴敦煌壁画中之乐舞图像的基础上，创作出了敦煌舞，并形成了敦煌舞派，饮誉中外的舞剧《丝路花雨》就是敦煌舞派的代表作。在借鉴古代敦煌文化遗产推陈出新方面，未来还有很大的潜力。无论是文学工作者、美术工作者,还是音乐舞蹈工作者,乃至建筑学家、书法家、医学家,都可以从丰富的敦煌文化遗产中汲取营养,并据以创造出新的成果。

(本文发表于《光明日报》2020年12月19日。访谈由《光明日报》记者韩寒采访整理,发表时有删节,标题略有调整,此为完整版。)

敦煌古代文化遗产的当代价值

敦煌古代文化遗产，主要指敦煌石窟、敦煌遗书，以及敦煌地区的古代遗迹和文物。即使从世界范围来看，这批文化遗产也是独一无二的文化宝藏。敦煌石窟中保存的精美雕塑和绘画，是研究中国古代美术史、美学史和生产、生活等诸多方面的重要图像资料。1900年敦煌藏经洞出土的7万多件敦煌遗书，对历史、宗教、社会、地理、民族、语言文字、文学等诸多人文学科和天文、历法、算学、医学等自然学科都具有重要研究价值。一百多年来，国内外学术界对这批文化遗产进行了深入系统的研究，在很大程度上改写了中国中古时期的历史。相对而言，以往学术界对其学术价值阐发较多，但对其与当今社会和一般公众具有的价值和意义，关注较少。

敦煌古代文化遗产的当代价值表现在很多方面，本文拟从两个角度试作阐述。

一、可以使公众领略古代中国处于世界领先时期的风采

敦煌古代文化遗产的主体是公元4世纪至11世纪的文化遗存。在这个时期，中国的内部曾经出现过很多问题。如南北朝时期的南北分裂、唐后期的藩镇割据、五代时期的战乱，等等。但和当时世界上的其他国家相比，中国仍然是世界上制度最先进、经济最发达、文化最兴盛的国度，科学技术也处于世界领先的地位。敦煌石窟艺术和敦煌遗书等文化遗产所展现的就是这样一个时期的社会风貌。

要而言之，敦煌古代文化遗产具有以下几个鲜明的特征：

1. 追求宏大和厚重的情怀。

这个特点以唐代的遗存表现最为鲜明。敦煌莫高窟仅有两尊巨像，即第96窟高达33米的北大像和第130窟高达26米的南大像，分别兴建于武周延载二年（695）和唐开元年间（713—741）。同一时期，在敦煌以外的地区，也出现了巨型佛像，如始建于开元年间的四川乐山嘉定大佛（高达71米）等，这当然不是偶然的巧合。这种时代风貌在敦煌壁画上的表现，就是一部经画满一壁的巨型经变的出现。如莫高窟第220窟南壁的贞观十六年（642）阿弥陀经变（西方净土变），以阿弥陀佛为中心，场面宏大，色彩绚丽，有大小人物近百人。这些鸿篇巨制不仅可使公众充分领略唐代匠师处理巨型题材的惊人能力和气魄，也以具体的形象展示了强盛的大唐王朝的雄伟风姿。

2. 女性处于开放和张扬的时代。

从敦煌遗书和其他相关记载来看，北朝、隋唐时期女性的社会地位相对较高，也相对比较开放。敦煌遗书中保存了十余件离婚协议书（放妻书）样式，从这些材料来看，当时协议离婚的原因既有"不敬翁家"（见P.3212背"夫妻相别书"样式），也有"不和"（见P.3730背"放妻书"、S.6537背"放妻书"样式）、"不悦"（见S.5578"放妻书"、S.6537背"放妻书"样式）等因由。"不敬翁家"属于古代可以休弃妻子的"七出"之一，即"不事舅姑"。而"不和"和"不悦"不见于"七出"，应属双方情意不和，即感情不和。说明当时女子离婚再嫁都很自由，甚至可以因感情不和而协议离婚，不像宋代以后那样讲究贞节。

北朝时期的石刻题记和唐代的敦煌遗书还记载当时的女子可以结成社团从事社会活动。如S.527"后周显德六年（959）正月三日女人社再立条件"，就记载了由15个女人自愿结成的社团，从事丧葬互助和佛事活动。另，敦煌遗书S.4705记载敦煌的女子在寒食节以足踏地，连臂成行，边踏边歌。这都说明当时的女性，并非大门不出、二门不迈，而是可以自由地在大门外的社会上行走，从事各种社交活动，甚至节日期间可以在公开场合跳集体舞。中国古代仅有的两个女皇，一个武周皇帝武则天，一个农民起义的女皇陈硕真，都产生于唐代，应是当时女人社会地位较高的具体反映。以上事例表明，北朝、隋唐时期女性的社会地位和活动范围，和宋以后的记述差别很大。

3. 对外来文化持开放和包容的态度。

在唐前期的敦煌文化中，占主导地位的是汉文化。唐前期的敦煌有许多传授汉文化的官私学校，以传授儒家经典为主。道教也十分盛行，并有由道学博士主持的道学学校。

汉文化之外，在曹魏时期就传到敦煌的佛教，在唐前期达到了极盛。当时在敦煌城东一里处有中亚粟特人信奉的祆教（拜火教）神祠。这所祆庙周回五百步，院内立舍，舍内画有神主，二十余龛。在敦煌遗书中保留的晚些时候的敦煌白画中，也有祆教尊奉的神的形象。唐前期敦煌还有景教寺院，名为大秦寺。藏经洞中就保存了七种景教经典，并且有景教经目一卷，记录景教经典三十六种，分别为初唐和中唐译本。此外，藏经洞中还发现了开元年间写的摩尼教经典。这些都反映了西亚、中亚宗教在敦煌流传的情况。

就敦煌石窟艺术而言，无论是壁画还是塑像，中西文化交融的事例数不胜数。因为敦煌石窟艺术是一种宣传佛教思想的文化艺术，这种佛教艺术与佛教一样发祥于印度。所以，它受到印度文化的影响，是很自然的事情。早期敦煌石窟艺术在内容结构、人物造型、绘画技法和衣冠服饰等方面，都具有中西结合的特征。如敦煌莫高窟第272窟西壁的壁画，既采用了传自印度的"天竺画法"，也使用了承自汉晋壁画的传统汉地线描；其人物的衣冠服饰混杂了印度、波斯的装束，但其顶部的藻井，却是模仿我国古代建筑顶部的装饰。

总之，唐前期的敦煌汇聚了中国、印度、中亚、西亚、希腊等不同系统的宗教、文化、艺术。那时因为我们制度先进、文化发达，所以我们就有海纳百川的气度与胸襟。中古时期的敦煌古代文化可以让我们真切地感受到中华民族处于领先时期充满活力的脉动。

在实现中华民族伟大复兴的过程中，文化复兴的重要内容就是传承古代优秀传统文化。而传承古代优秀传统文化的前提就是要深入了解古代的历史文明。了解中国古代文化，主要是通过学习古代的经典文本、阅读史籍和欣赏古代的文化遗存。与阅读文字资料相比，欣赏古代文化遗存具有更生动、更具体、更直观的特征。

精美的古代敦煌文书和敦煌石窟艺术遗存等敦煌文化遗产都具有资料和文物双重价值，是我国古代优秀传统文化的具体载体。那些楚楚动人的菩萨、勇猛刚毅的天王、精美绝伦的绢画和令人叹为观止的精致古代文书等至今仍有震撼人心的魅力，向我们诉说着我们先人曾经创造的辉煌。这些都是对广大人民群众特别是青少年进行爱国主义教育的最好教材，具有无可替代的价值。

二、可以获得宝贵的启示和创新灵感

对敦煌古代文化遗产进行深入的研究，可以使我们获得很多宝贵的启示。如学术界通过对敦煌写本长期深入的研究，揭示了很多敦煌写本具有个性特征。这类具有个性特征的写本，是个人使用的具有笔记本性质的文本。这类文本往往内容庞杂，与印刷术流行以后的印本书籍差异很大。如果用印本时代形成的认知模式来看待这些具有个性特征的写本，就很可能在无意中将其个体特征默认为一般现象，也容易对这类文本内容产生误读和困惑。这个事例提示我们，用近现代的知识体系和思维模式解读古代文本，也会因时代的局限而产生盲区。

欣赏敦煌古代文明成果，还可以激发当代人的创新灵感，创作出新的精神文明和物质文明成果。如我国的舞蹈工作者在借鉴敦煌壁画中之乐舞图像的基础上，创作出了敦煌舞，并形成了敦煌舞派，饮誉中外的舞剧《丝路花雨》就是敦煌舞派的代表作。在音乐界，也已有人依据敦煌壁画中的乐器资料，尝试复原带有敦煌特色的古代乐器。

国内外美术工作者对敦煌石窟艺术的借鉴由来已久，临摹敦煌的彩塑和壁画是很多美术学院国画专业学生的必修课程，以敦煌石窟为代表的古代石窟艺术是滋养中国美术人才的重要土壤。现在已有美术家尝试在借鉴敦煌壁画的基础上创作带有敦煌特色的美术作品。如画家张大千，曾在敦煌长期临摹壁画。经过敦煌艺术的熏陶，他在人物画方面有了新的风格。由于对色彩的领悟，张大千在山水画、花鸟画上采用极为大胆的泼墨泼彩法，尤其在其晚年的作品中，已经把敦煌壁画中那种恢弘的气度和绚烂的色彩自由地运用其中。潘絜兹曾长期从事敦煌壁画的临摹和研究工作。他创作的《石窟艺术的创造者》，便是直接以他在敦煌石窟临摹的切身感受而画出的。董希文也曾在敦煌学习、临摹壁画。他钟情于西部少数民族风情，画过很多表现少数民族的作品，如《哈萨克牧羊女》除了构图和人物形态等方面体现出敦煌艺术的特色，飘起的头巾以及衣服的裙摆，都可使人感受到敦煌壁画中人物造型的特征。油画巨制《开国大典》，不论近景中的人物布局、远景中的空间安排，还是色彩明暗的对比等等，都可以感受到敦煌艺术给予画家的深刻影响。此外，曾在敦煌工作过的常沙娜，在设计人民大会堂、民族文化宫等建筑的装饰方面，充分利用敦煌壁画中的元素来创作，形成了富有民族精神的工艺装饰。长期在敦煌工作的雕塑家孙纪元、何鄂等，也在后来的创作中表现出极大的优势，如孙纪元的雕塑《瑞雪》、何鄂的雕塑《黄河母亲》等作品，都是既具有深厚传统精神又富有时代感的作品。

敦煌莫高窟的窟顶壁画保存了大量的图案图像资料，这些图案大多色彩鲜艳、精美绝伦，融合了中西文化元素，对当今的图案设计也有重要借鉴价值。

敦煌遗书以写本居多，7万多件自公元4世纪至11世纪的写本都是古代书法的标本，其书体包括隶书、行书、楷书、草书，很多写本的书法具有很高艺术价值。欣赏和研究这些古代写本，相信对当代的书法创作亦有助益。

总之，在借鉴古代敦煌文化遗产推陈出新方面，还有很大的潜力。无论是文学工作者、美术工作者，还是音乐舞蹈工作者，乃至建筑学家、书法家、医学家都可以从丰富的敦煌文化遗产中汲取营养，并据以创造出新的成果。

当前，我国提出共建"一带一路"倡议，深入研究敦煌古代文化遗产，可为此提供历史借鉴。

敦煌文化遗存本来就是古代丝绸之路的产物。如果把古代的丝绸之路看作经济、文化交流的网络，这个网络经由的城镇就像一颗颗珍珠，由于敦煌位居丝绸之路的咽喉，所以它是丝绸之路上最耀眼的一颗明珠。敦煌石窟和藏经洞文书中保存了很多古代丝绸之路沿线国家的资料，记录了古代中国对外交往的历史。对这些资料进行深入研究，总结古代丝路沿线国家交往的经验和教训，可以为共建"一带一路"提供有价值的背景资料和有益的历史借鉴。

（本文发表于《光明日报》2017年3月13日，题为"敦煌文化遗产：盛世风采肇复兴"；《新华文摘》2017年第10期转载；《中国民族报》2023年12月11日转载。发表时有删减，此为完整版。）

论唐五代宋初敦煌私社的社会功能

敦煌遗书中保存的丰富的社会生活资料，反映了唐五代宋初敦煌的人口、婚姻、家庭、家族、基层社会组织、教育、民俗、体育和衣食住行等民众生活的诸多方面，是一个值得进一步开展深入研究的重要领域。

私社是中国古代民众自愿组成的民间团体，这种民间团体在唐五代时期的敦煌曾广为流行，以往的研究对敦煌私社的宗旨、组织结构、活动内容及与佛教的关系等方面关注较多，但对其与社会的关系关注较少。

唐五代宋初敦煌地区的私社，就活动内容而言，有的从事佛教活动，有的从事经济和生活的互助，更多的私社则同时从事以上两种活动。本文仅以私社的互助活动为例，对其社会功能略作论述。

敦煌私社成员间的互助活动，可以分为以下几类：

一是丧葬互助。这是最受时人关注的互助活动，在类似章程的"社条"中都有规定。如"敦煌郡某乙等社条壹道"(S.5629)规定:"其人社及父母亡没者,吊酒壹瓮,人各粟壹斗"。大中年间(847—860)"儒风坊西巷社邻等社条"(S.2041)则规定:"或孝家营葬","各助布壹疋","助粟壹斗,饼贰拾","人各贰拾幡"。以上所引"社条"中之"孝家",就是指社人或其家属亡故的人家。从敦煌私社有关丧葬互助的资料来看,各社规定应缴纳的物品和数量并不一致,一般要缴纳粟、麦、面、饼、油、酒、柴等,有的还需要缴纳布、褐、麻、绫、绢、绣等织物。其中粮食和食物应该是在营葬过程中供丧家及吊唁者食用,白色织物应是用于制作丧服、装殓、盖棺、挽棺,彩色织物可能用于制作旌幡等。

二是关于立庄造舍及男女婚嫁的互助。敦煌本"某甲等谨立社条"(P.3730背)规定,社人"若有立庄造舍,男女婚姻,人事少少,亦乃莫绝"。敦煌私社的社条把丧葬互助称为"追凶"或"荣凶",男女婚嫁造舍等互助则称为"逐吉"。"显德六年(959)正月三日女人社再立条件"(S.527)规定:"社内荣凶逐吉","人各油壹合,白面壹斤,粟壹斗"。S.6537背"上祖社条"规定:"社内有当家凶祸,追胸(凶)逐吉","人各例赠麦粟等"。从上引社条的规定来看,"逐吉"需要缴纳的物品应该和"追凶"一样,包括粮食、食品和织物等。

三是"赈济急难",即社人遇到荒年或祸事的互助。大中年间(847—860)"儒风坊西巷社邻等社条"(S.2041)称:"右上件村邻等众就翟英玉家，结义相和，赈济急难，用防凶变。"并规定："所置义聚，备拟凶祸，相共助成，益期赈济急难"，"所有急难，各助柴一束"。显然，以上引文中之"凶变""凶祸"就是对"急难"的定义。"凶变"或"凶祸"当然可以指丧葬，但因前引此社社条对丧葬互助已经另有条款规定，而且以上的讨论表明丧葬互助是由社人事发时按规定缴纳助葬物品，而这里的互助物品是从"义聚"中支出。所以，这里的"凶"应该指的是"凶年"，即荒年；"祸"应指社人临时遇到的死亡以外的祸事。S.6537背"拾伍人结社社条"中有"社众值难逢灾"，这里"难"和"灾"对举，也应该是分别指祸事和自然灾害。而S.6537背"某甲等谨立社条"则称"更有诸家横遭厄难，亦须众力助之"。这里的"横遭厄难"，就是对上文"难"的具体解释。

上文提到，"赈济急难"的物品出自私社之"义聚"。"义聚"是私社的公共积累或公共财产，其中的物品有的是社人入社时缴纳的，有的则是私社互助活动的节余。此外，敦煌的私社有严明的纪律，社人违反社条的规定、不听从私社首领的指挥、不参加社邑的活动或未按规定携带物品，都要受到处罚。如P.2556背"社司罚违纪社人记录"载："没到人张安牛，罚酒半瓮。"另P.3636₁"社司罚物历"记载马定子等20多人分别被处以罚粟二斗或一斗的处罚。这些处罚所得物品也被存放在私社的"义聚"中。有材料表明，"赈济急难"还包括在春季青黄不接时借给私社成员粮食种子。如公元950年前后"社司付社人麦粟历"

(P.3273)记载私社在春季借给社人马定德等各麦壹硕肆斗至两硕捌斗,粟陆斗至壹硕贰斗。

可见,敦煌私社成员之间的互助几乎涵盖了可造成民众生活发生困穷的所有重要方面。

现在需要进一步追问的是,私社的互助力度到底有多大呢?即能不能真正解决私社成员遭遇的困难呢?以下以丧葬互助为例对以上问题略作说明。

唐俗重厚葬,所费往往超出民户的负担能力,是导致小农和小手工业者破产的一个重要原因。唐穆宗长庆三年(823)十二月李德裕奏:"缘百姓厚葬,及于道途盛设祭奠,兼置音乐等。闾里编氓,罕知报义,生无孝养可记,殁以厚葬相矜。或结社相资,或息利自办,生业以之皆空。习以为常,不敢自废。人户贫破,抑此之由。"(《唐会要》)这里也把"结社相资"看作解决厚葬所需物品的途径之一。从敦煌社邑文书中有关丧葬互助的材料来看,由于社人贫富不同,各社成员多寡不同,社人在遇到丧葬时获得的助葬物品是有差异的。如"辛未年(971)三月八日沈家纳赠历"(P.4975)收到社人助葬的各种绫九十八丈九尺、各种绢二十丈二尺、黄画被子一丈四尺,共计一百二十丈五尺,连同主人拿出的绢、锦、绫等十余丈,约当唐前期六十余丁之调。因此私社由县令、兵马使、押衙等敦煌地区上层和富户组成,所以收到的助葬品较为丰厚。而"辛酉年(961)十一月廿日张友子新妇身故聚赠历"(S.4472背)全社五十人,所纳赠的各种褐布一百零一丈，约当唐前期四十丁之调。这个是由普通民众组成的社，收到的助葬物品也不算少。至于纳赠的粮食和食物，数量也很大。如"丙子年（976）四月十七日祝定德阿婆身故纳赠历"（S.1845）用粟六石，饼一千枚。"辛酉年（961）十一月廿日张友子新妇身故聚赠历"（S.4472背），则是交付丧家饼八百四十枚，粟三石四斗，油三十合，柴三十三束。"辛巳年（981）十月廿八日荣指挥葬巷社纳赠历"（S.2472背）则是交付丧家油三十一合，饼五百六十枚，粟两石，柴三十一束。这样大的数量，不仅一般民户无力承担，就是中产之家、中下级官吏恐怕亦感吃力。可见，"结社相资"的确可以帮助社人渡过丧葬难关。其他互助活动对社人的救济作用由此不难想见。

在中国古代，小农和小手工业者是很脆弱的个体经济。在风调雨顺的正常年景，他们中的多数也只是在温饱线挣扎，仅能维持简单再生产。如果遭遇天灾人祸，他们很容易进入"贫破"者的队伍。而唐五代宋初敦煌私社的互助活动，实际上给这些小生产者提供了免于"贫破"的保障，使他们可以安然度过如丧葬、荒年、造舍、男婚女嫁以及突发的厄难等一系列人生的难关。通过社邑的互助，贫弱者可以维持简单再生产，殷实者可以实现扩大再生产。由于以小农和小手工业者为代表的小生产者是中国古代社会的主体，也是支撑唐五代社会的基石，所以社邑的互助活动不仅有益于参加社邑的个体，同时有益于社会再生产的实现。

一个小农的破产或许对社会影响不大，而且在正常年景下，总会有一些小生产者因各种缘由破产，也总会有另外一些小生产者可以实现扩大再生产。但如果某一时期破产者增多，就会影响整个社会的再产生，影响社会的稳定，甚至有可能造成社会动乱和动荡。唐五代宋初敦煌私社的互助活动不仅可以大大降低小生产者破产的数量，同时有助于增加扩大再生产群体的数量，其结果既有利于整个社会维持简单再生产，也有利于扩大社会再生产，因而具有维持社会稳定、推动社会发展的重要功能。

还应该指出，结社互助不是敦煌地区特有的现象。前引李德裕奏中也提到了"结社相资"。而韦挺在唐太宗时所上《论风俗失礼表》中也曾说："又闾里细人，每有重丧，不即发问，先造邑社，待营办具，乃始发哀。至假车乘，雇棺椁，以荣送葬。既葬，邻伍会集，相与酣醉，名曰出孝。"（《全唐文》）唐代白话诗人王梵志则有更为形象的描绘："遥看世间人，村坊安社邑。一家有死生，合村相就泣。"（《王梵志诗》）以上材料反映的都是中原地区的情况，说明在唐五代宋初的中原地区，也广泛流行结社互助现象。此外，在敦煌以西的西州，也发现了结社互助的材料，甚至在黑水城文书中也发现了西夏文结社互助的材料。说明结社互助活动在边远地区和少数民族地区也曾流行。但如果不是敦煌社邑文书的发现，传世文献和各地的零星资料很难引起人们的关注，也难以进行深入的讨论。所以，对敦煌社邑文书的深入研究不仅加深了对敦煌地区社邑情况的具体了解,也大大深化了对唐五代时期全国社邑发展情况的认识。

(本文发表于《光明日报》2023年6月5日,标题略有调整。)

走近蒙尘千年的敦煌宝藏

这里的敦煌宝藏，指的是敦煌遗书。1900年6月22日（农历五月二十六日），道士王园禄在敦煌莫高窟第16窟（现编号为第17窟）甬道北壁偶然发现了一个复洞，洞内重重叠叠堆满了从十六国到北宋时期的经卷和文书。这批总数在7万件以上的古代文献被后人称为敦煌遗书。由于莫高窟是开凿在鸣沙山的断崖上，所以保存敦煌遗书的洞窟又被称作敦煌石室或石室。因为敦煌遗书的主体是手写的佛经，所以早期人们把敦煌遗书称为石室写经，并把保存敦煌遗书的洞窟称为藏经洞。此外，敦煌遗书还被称为敦煌文献、敦煌写本、敦煌文书、敦煌卷子等。

"蒙尘千年"，是带有文学色彩的表述，而敦煌藏经洞的性质、封闭的时间和原因也确实是学术界的未解之谜，难免让人产生各种想象。由于没有发现当事人或后人的相关记录，所以有关敦煌藏经洞性质、封闭的时间和原因的各种说法，至今为止都只是推测或假说。目前所知敦煌藏经洞出土的敦煌遗书，年代最晚的写于公元1002年（宋咸平五年），所以人们推测敦煌藏经洞的封闭时间应该是其后不久的11世纪初。从11世纪初到1900年，敦煌遗书在藏经洞中埋藏了近千年。

就内容来说，敦煌遗书可以说是包罗万象，但因为是佛教寺院藏书，所以收藏最多的是佛教典籍，占百分之九十左右。敦煌佛教文献有很多是历代大藏经收录的传世佛经，如《大般若波罗蜜多经》《金刚般若波罗蜜多经》《妙法莲华经》《金光明最胜王经》《维摩诘所说经》《大乘无量寿经》等。以上这些经卷虽有传世本存在，但由于敦煌遗书抄写年代较早，仍然具有重要校勘价值和文物价值。敦煌遗书中还保存了很多传世大藏经中所没有的佛教典籍。这些逸经和未入藏的佛教典籍具有更高的文献价值和研究价值。其中最重要的是保存了一批古逸经疏，如《金刚经》《法华经》和《维摩诘经》注疏就有130多种，530多件。这些经疏是中国佛教徒对佛教的理解，因此可以真实具体地反映古代中国佛教的特点。佛教文献以外的宗教文献，还有道教典籍、景教（基督教）典籍和摩尼教典籍。敦煌道教典籍中也保存了很多传世道藏未收的道教文献。其中最引人注目的是《老子道德经想尔注》的重新发现，该件虽为残本，但保存了该书第三章至第三十七章的经文和注释，为道教史研究提供了新资料，并揭示了道教经教化的另一条途径。敦煌遗书中还保存了《尊经》《大秦景教三威蒙度赞》《大秦景教宣元本经》等景教文献和《摩尼光佛教法仪略》《下部赞》《证明过去因果经》等摩尼教文献，为研究古代景教、摩尼教的流传提供了重要资料。

宗教文献以外的文书，虽然总量不大，只占百分之十左右，内容却很丰富，涉及古代历史、地理、社会、民族、语言、文学、美术、音乐、舞蹈、天文、历法、数学、医学、体育等诸多方面，很多都是不见于正史的第一手资料。历史方面，敦煌遗书中保存了制书、敕书、告身等公文书，律、令、格、式等法律文书，户籍、差科簿等赋役文书和买卖、借贷、雇佣、租佃等契约文书。这些资料对于了解中国古代的政治和经济情况都具有极为重要的价值。如"景云二年（711）赐沙州刺史能昌仁敕"，是唐代"论事敕书"的原本，存文字8行，文书上钤有"中书省之印"，中间顶天立地的大"敕"字格外引人注目，这件文书已经成了敦煌文书的标志性符号。依据此件，参考其他文献，可以大致了解"论事敕书"从起草到下发的复杂过程。又如"开元水部式"，详细规定了唐朝对水渠、桥梁的管理制度和各级官府的相关职责，不仅为了解唐代的水利管理制度提供了珍贵资料，还可据之纠正《唐六典》《旧唐书》《新唐书》相关记载的错误。同时，也使我们对唐"式"的内容和形式有了具体的了解，为从唐代文献中搜集其他唐"式"条文提供了文本样板。

敦煌遗书中保存的社会史资料主要有氏族谱、书仪、社邑文书和寺院文书。氏族谱是记录古代世家大姓的资料；书仪是古人写信的程式和范文，也包括不少对当时礼仪和习俗的规定；社邑文书是古代民间结社的具体资料；寺院文书则记录了唐五代宋初

英藏S.11287"景云二年(711)赐沙州刺史能昌仁敕"

敦煌僧团生活及其与社会的联系等诸多方面。这些资料具体地反映了古代生活的真实情况。如关于古代寺院和僧人的生活，依据传世佛教经律和相关记载，古代寺院应是一个基本生活单位，僧尼过的是全部居住在寺院之内并由寺院供食的集体生活。但敦煌寺院文书却为我们展示了另一幅寺院和僧尼生活的图景。一是一部分僧尼并不住在寺内，而是住在寺外的俗家。二是住在寺内的僧尼也是过着单吃单住的个体生活。

敦煌遗书中保存的文学作品，以俗文学资料最引人注目，包括讲经文、因缘、变文、话本、词文、故事赋、诗话等。对这些俗文学作品的研究可以说在很大程度上改写了中国古代的文学史。如对敦煌变文、讲经文等文学资料的研究，就解决了鼓子词、诸宫调、词话、宝卷等后代流行的民间讲唱文学的来源问题。

目前所知年代最早的敦煌遗书是后凉王相高所写之《维摩诘经》，在公元393年（后凉麟嘉五年），这件文书现在收藏在上海博物馆。年代最晚的就是上文提到的公元1002年（宋咸平五年）敦煌王曹宗寿题记，这件文书收藏在位于圣彼得堡的俄罗斯联邦科学院东方文献研究所。从公元393年到公元1002年，时间跨度达600多年，其中多数敦煌遗书的书写或抄写年代在唐后期五代宋初。

敦煌遗书的文本形态多数为手写文本，也有少量雕版印刷文本和拓本。在古代，印刷术发明与流行之前，文书和典籍在很长时间内是以写本的形态存在。在战国和秦汉时，主要是写在竹简和木简上。东汉时出现了用纸抄写的书籍。到了晋代，纸书完全取代了竹木简书和帛书。宋代以后，印刷术流行，印刷文本逐渐成为书籍和知识传播的主要载体，取代了手写文本的地位。所以，就文字传播的方法和载体而言，晋代至宋以前是纸本手写文书为主体的时代，宋以后至今是印刷文本为主体的时代。敦煌遗书所处的时代正是在纸本手写文书典籍流行的时代，因而多数为手写文本。宋代以后书籍和知识传播的主要载体是印刷品，但宋代流行的雕版印刷至少在唐代已经发明了。可惜早期的雕版印刷品大多没有保存下来。所幸敦煌遗书中保存了数十件雕版印刷品，就成为世界上现存最早的印刷品的一部分。其中最著名的唐咸通九年（868）《金刚经》，是世界上现存最早的标有年代的雕版印刷品，现收藏在英国国家图书馆。拓碑技术出现得更早，但早期的拓本也未能保存下来。而敦煌遗书中保存的数件唐碑拓本也就成了现知世界上最早的传世拓本。其中包括唐太宗的《温泉铭》、欧阳询的《化度寺邕禅师塔铭》和柳公权所书《金刚经》等碑的拓本。

敦煌遗书的装帧形态多样，几乎包括了古书的各种装帧形式，但绝大多数是卷轴装。卷轴装也称卷子装，是纸质书籍和文书出现后流行时间很长、普及地域很广的一种装帧形式。其做法是先将纸张按需要粘成长卷，再用圆形木棍黏结在纸的一端，阅时摊平，阅后将其卷成一卷轴，这就是卷轴装的书籍或文书。卷轴装之外，还有从印度传来的梵夹装。因为经文是梵文，上下有两块夹板，所以被称为梵夹装。敦煌遗书中的梵夹装，是仿制的，或者说是有所改变的梵夹装。第一个改变是经文不再是写在贝叶上，而是写在纸上；第二个改变是经文多数是用中文书写的。此外，敦煌遗书中还保存了经折装、旋风装、蝴蝶装、包背装、线装等装帧样式。

敦煌遗书的文字以汉文为主，但也保存了不少古代胡人使用的胡语文献。在这类文献中，以吐蕃文为最多。吐蕃文又称古藏文，是唐五代时期吐蕃人使用的文字。由于吐蕃人曾在公元786年至公元848年管辖敦煌，其间曾在敦煌推行吐蕃制度和吐蕃语言文字，所以敦煌藏经洞中也保存了一大批吐蕃文文献，有8000多件。这批文献对研究吐蕃史、敦煌史以及当时西北地区的民族变动都具有重要价值。敦煌遗书中的第二种胡语文献是回鹘文。回鹘文是古代回鹘人使用的文字，又称回纥文。在唐宋时期，回鹘人曾在敦煌历史上起过重要作用。自唐晚期以后，敦煌东边的甘州、肃州和西边的西州都曾有回鹘人建立的政权，在敦煌地区也有回鹘居民。由于以上原因，在敦煌藏经洞中，也保存了50多件回鹘文文书。这些文书的内容包括书信、账目和佛教文献，对研究回鹘的历史和文化具有重要价值。此外，敦煌遗书中还保存了少量的于阗文、粟特文和梵文，都对研究古代的民族关系和中外交往具有重要价值。

不论从数量、时间跨度还是从文化内涵来看，敦煌遗书的发现都可以说是20世纪我国最重要的文化发现。即使在世界范围内，也是独一无二的文化宝藏。

在敦煌遗书发现的 1900 年，我国正处在清王朝末期。西方列强公然派遣八国联军侵入我国，中华民族亡国灭种的民族危机日趋严重，正忙于奔跑逃命的清廷最高统治者无法得知西北边陲发现藏经洞的消息。而当时甘肃、敦煌地方官员大多昏聩无知，遂使这一宝藏没有得到应有的保护，曾先后遭到英、法、日、俄等国的劫掠，致使敦煌遗书流散于世界各地。目前总数达 7 万多件的敦煌遗书分散收藏在欧洲、亚洲、美洲的 9 个国家的 80 多个博物馆、图书馆、文化机构以及一些私人手中。其中中国国家图书馆（藏有 16579 号）、英国国家图书馆（收藏约 17000 号）、法国国家图书馆（收藏约 7000 号）和俄罗斯科学院东方文献研究所（收藏约 17700 号）是四大主要藏家。敦煌遗书的流散，是我国近代学术文化的重大损失，成为我国近代学术的伤心史，至今令人难以释怀！

（本文发表于《光明日报》2022 年 1 月 26 日。）

如何正确释录敦煌文书上的手写文字

1900年敦煌藏经洞出土的7万多件敦煌遗书，对研究中国古代的历史、宗教、社会、地理、民族、语言文字、文学、美术、音乐和天文、历法、算学、医学等学科都具有重要研究价值。

与二十四史等传世典籍相比，敦煌文书多是原始档案，未经古代史家剪裁，保存了许多未被史家过滤掉的材料，这当然有助于我们全面地认识历史，因而对研究中国古代历史具有无可替代的价值。具体说来，其价值主要体现在以下几个方面：

一、它为我们全面、深入、系统地考察中古时期的一个地区提供了相对充足的研究资料。与甲骨文和汉晋简牍等其他出土文献相比，敦煌文献具有以下特点。首先，它涉及的学科和方面较多。仅对历史学而言，就涉及政治、军事、经济、宗教、文化等各个领域的诸多方面。其次，每件文书所包含的内容也相对比较丰富。再次，它涉及的时间段较长，自4世纪晚期至11世纪初，达6个多世纪。即使文书年代比较集中的8世纪中期至11世纪初，亦达200多年。最后，全部文书都与敦煌地区有不同程度的关系或联系。就世界范围来看，具备以上条件的出土文书也为数不多。如果我们依据这些资料对中古时期敦煌社会的各个角度、各个层面作全方位的考察，其成果将为学术界认识中古社会的具体面貌提供一个模型或参照系，这当然有助于推进人们对中古时期社会的进一步认识。显然，对历史学而言，解剖敦煌这样一只麻雀，其意义会超出敦煌地区，而敦煌文献则为解剖这只麻雀提供了必要条件。

二、敦煌文书为我们进一步研究9世纪中叶至11世纪初西北地区的民族史提供了大量原始资料。9世纪中叶至11世纪，是我国西北地区民族发生大变动的时期。但传世史籍有关这方面的记载较少，很难据之进行深入系统的考察。敦煌文书中保存了一批反映这一时期西北地区民族情况的汉文、吐蕃文、回鹘文、于阗文、粟特文公私文书，为我们深入探讨西北地区民族变迁、各民族的政治经济文化状况与相互间的交往提供了可能。

三、敦煌文书还为解决中国古代史上的一些重大问题提供了材料。古代的敦煌是中国的一个地区。所以，敦煌文书不仅对了解敦煌地区具有重要意义，其中的许多材料还反映了中原地区的一般情况。我国学者在利用这些材料方面也做了许多工作。如均田制即属中国古代史的重大问题，但在敦煌文书发现以前，对其实施情况的研究始终无法深入。我国学者主要依据敦煌文书中有关材料进行具体探讨，才为均田制实施与否的争论画上了圆满的句号，并对均田制的实质形成了新的认识。

四、古代的敦煌是中国和世界接触的窗口。所以，敦煌文书中保存了不少反映中西经济文化交流的资料。我国学者利用这些资料探索中国与印度、中国与波斯等地的经济文化交流，探索丝绸之路的贸易等课题都取得了重要成果。但与敦煌文书中保存的这方面材料相比，还有许多工作可做。特别是在唐代，敦煌汇聚了中国、希腊、印度、中亚、西亚等不同系统的文化，这些在敦煌文书中都有不同程度的反映。站在中古时期世界文化交流的高度，全面系统地发掘敦煌文书中有关这方面的信息，将是敦煌学的一项重大课题。

一百多年来，国内外学术界对敦煌文书进行了深入系统的研究，在很大程度上改写了对中国中古时期历史的认识。

但是，由于敦煌文书的绝大部分是将近一千年前的手写文字，不少文本的文字写得比较潦草，很多文本保留了现在已不流行的字形怪异的俗体字，一些写本使用了现在已不流行的替代符号，这些都给普通读者的阅读带来几乎无法逾越的障碍。由于唐宋时期敦煌地区流行西北方音，所以敦煌文书中的通假也有很多和一般古籍不同；一些具有口耳相传性质的文本，同音替代字（别字）也很常见。显然，如果不将敦煌文书上歧异繁杂的手写汉字释录成现在通行的印刷体标准方块汉字，一般读者直接阅读会遇到很大困难。而且，由于上列诸多困难因素，致使对敦煌文书的释录，其难度远远大于一般的古籍整理，是一项艰苦的创造性劳动。

一百多年来，中外学者在整理、释录敦煌文书方面已经取得巨大的成就。但仍有很多写本尚待释录，已经完成释录的文本也还存在不少错误，所以，对敦煌文书进行全面释录仍是目前和今后一个时期敦煌学界需要完成的重要工作。笔者多年从事敦煌文书文字的辨认和释录工作，对于如何正确释录敦煌文书有一些体会，愿意分享给同道和对此感兴趣的读者。

一、释录敦煌文书的基本依据是文书图版和原件

辨认或释录敦煌文书上的手写文字，目前多数整理者主要依据的是敦煌遗书的照片或用照片印制的图版。早年主要是查阅依据原件拍摄的缩微胶片，这套缩微胶片包括"英藏""法藏"和"国图藏"敦煌文书的主体部分。20世纪80年代，台湾新文丰出版公司依据这套缩微胶片印制了《敦煌宝藏》，流行较广，至今仍是释录敦煌文书需要参考的主要图版之一。这也是第一代敦煌文书黑白图版。由于缩微胶片摄制于20世纪50年代，当时摄影设备和技术欠佳，致使不少世俗文书文字模糊，很难辨认，极大地影响了学术界对这批资料的利用。20世纪90年代，四川人民出版社推出了《英藏敦煌文献》（1—14卷）大型文书图集，上海古籍出版社陆续推出了《俄藏敦煌文献》（1—17册）、《法藏敦煌西域文献》（1—34册）和国内诸多藏家的敦煌文书图版，北京图书馆出版社出版了《国家图书馆藏敦煌遗书》（1—146册）。

这些20世纪90年代以来陆续刊布的大开本敦煌文书黑白图版，由专业摄影人员用当时先进的摄影设备重拍照片；印制则采用了当时刚刚流行的电子分色技术；装帧采用大八开形式，一版一印，以便最大限度地向读者展示敦煌文书的文字内容，可以据之辨认出绝大部分敦煌文书上的文字，这是第二代敦煌文书黑白图版。第二代黑白图版虽比第一代有很大进步，但仍有少量模糊不清的图版、朱笔书写的文字或修改，以及朱笔句读仍然较难辨识或完全不能辨识。而敦煌文书的彩色图版则可以在很大程度上解决以上难题。

因为国际敦煌学项目（IDP）的推动，现在法国国家图书馆、中国国家图书馆、英国国家图书馆等三大主要藏家的敦煌文书彩色图版已经全部或部分上网了。全部上网的是法国国家图书馆，部分上网的有中国国家图书馆和英国国家图书馆。俄罗斯科学院东方文献研究所虽然也参加IDP项目，但彩色图版至今未能上网。最近几年，敦煌文书的全彩印图版开始逐渐流行，日本杏雨书屋的藏品图集《敦煌秘笈》，以及《首都博物馆藏敦煌文献》就都是全彩印的彩版。目前，法藏、国图藏的全彩版也在编辑中，可以预期，未来若干年，各主要藏家的藏品都将出版彩色图版。

当然，如果条件允许，最好还是查阅敦煌文书原件。就辨认文字来说，再好的图版包括彩色图版也远没有原件清晰。我曾经根据自己长期从事敦煌文书释录的经验，对释录敦煌文书有个形象的比喻：看《敦煌宝藏》和缩微胶片等第一代黑白图版就像是在夜里行路；看《英藏敦煌文献》等第二代黑白图版像是在月光下行路；而查阅文书原件则像是在日光下行路。查阅敦煌文书原件，首先可以改正之前据文书图版释录的释文错误，其次可以辨识黑白图版无法显示的朱书文字、朱笔校改和朱笔句读，再次是可以增补文书图版遗漏的文书和文字，复次是可以辨认出之前释录中遇到的图版不清或完全不能释读的文字。最后，查阅文书原件，还可以了解文书的形态，纠正之前图版拍摄中顺序错误等问题。总之，直接查阅原件可以获得很多照片或图版流失的信息，极大地提高释录敦煌文书文字的质量。

对于敦煌文书的整理和释录而言，文书图版和原件永远是最可靠的依据。所以我们在释录英藏敦煌社会历史文献时，对课题组成员的要求是，每件文书都要求依据文书图版核对释文，至少核对三遍。核对图版时，要求把释文打印出来，用手指着图版，一个字一个字地核对。在释录过程中，首先是尽量争取看原件。由于敦煌文书的书写情况和保存情况都差异很大，所以就文字释录而言，并非每件文书都需要查阅原件。很多文书抄写规范，图版上的文字也很清晰，这类文书一般不需要查阅原件也能比较准确地释录文书上的文字。但对那些图版上的文字比较模糊的写本和有朱笔添加改动的写本，以及现有图版被纸张叠压的文字，就需要查阅原件来解决。也就是说，就单件敦煌文书整理而言，查阅原件也可能不是必须的。但如果是批量整理、释录敦煌文书，要想保证品质，查阅原件就变成了规定动作。所以我们课题组在编纂《英藏敦煌社会历史文献释录》过程中，每卷的定稿都有去英国查阅原件的程序。

二、如何正确处理敦煌文书中的俗字

辨识和处理敦煌文书中保留的很多现在已不流行的俗体字，是正确释录敦煌文书的首要问题。第一步是要辨认出写本上的俗字相当于现在流行的哪个汉字。辨认这些俗字需要使用一些专用的工具书，古代的有唐代颜元孙的《干禄字书》、辽代行均的《龙龛手鉴》，都保存了一定数量的唐宋间流行的俗字。现代的有潘重规的《敦煌俗字谱》、金荣华的《敦煌俗字索引》和黄征的《敦煌俗字典》。此外，一些专业辞典、字典也保留了不少敦煌俗字。如《康熙字典》《汉语大字典》《汉语大辞典》和《中国书法大字典》等。在实际释录工作中，我们用得比较多的是《敦煌俗字典》《汉语大字典》和《汉语大词典》。

把俗字辨认出来以后，在释文中如何处理，目前在敦煌学界也存在不同认识和不同的处理方法。从事语言文字研究的学者倾向在释文中保留俗字，将正字置于圆括号中，放在俗字的后面。这样做的好处是读者可以比较多地了解原件上的信息。缺点是会妨碍读者阅读，降低阅读效率。而且相当数量的俗字在目前的字库中没有，需要大量造字，会给释录、制版、排版带来很多困难，不仅容易增加错误率，出版成本也会大幅度提高。有些俗字形状怪异，也很难造出与其形状相同的方块字。考虑到绝大多数读者阅读敦煌文书释文的主要目的是了解或研究其内容，并不关心其在写本上原来的字是俗字还是规范字，所以我们课题组主张为学界提供净校本释文。所谓净校本，就是在释录中将可以辨识出来的俗字都直接释录成规范汉字，不保留俗字原型。净校本敦煌文书释文方便读者快速阅读，少量语言文字研究者希望了解写本的俗字情况，可以直接查阅文书图版。其实，真正要研究敦煌写本上的俗字，肯定是需要查阅文书图版或原件的，因为只有图版和原件才能原汁原味地保留俗字的原始形态。

但因为对敦煌俗字的定义是模糊的，所以，即使在净校本的框架范围内，我们的课题组成员还是会因为某个俗字是否保留发生争执，这时候就需要平衡各种专业工具书来确定最终如何处理。比如"筭"，在《敦煌俗字典》中是"算"的俗字，将这个字直接释作"算"应该说是有依据的。但"筭"在《汉语大字典》中是正字，而且在《说文解字》中就有了。虽说该字在《说文解字》中的涵义是计数的筹码，但在敦煌文书流行的中古时期已经有了"算"的涵义，在古代典籍中也有具体用例。这表明以上两个字在《说文解字》中是不同的字，具有不同的意涵；中古时期"筭"和"算"的意涵有了重叠或交叉，但"筭"仍是具有两个义项的独立的字。这样看来，将"筭"看作"算"的俗字就不太合适了。所以，我们现在遇到"筭"作"算"的含义时，采取保留"筭"的做法，不将其看作"算"的俗字。因为《敦煌俗字典》对俗字的定义相对比较宽泛，所以我们在具体认定俗字的过程中，经常要通过平衡该字典和《汉语大字典》《汉语大辞典》等专业辞典的相关定义才最终确定如何处理。

俗字不但定义是模糊的，还是具有时间性的。某一时期的俗字，到后一时期有可能会变为正字。比如"国""为""兴"等字，在敦煌文书中分别是"國""爲""興"的俗字，但现在都是规范的正字。考虑到俗字的这种流动性的特点，我们在确定敦煌文书中的俗字时，就以唐宋元时代的字书为最权威的依据。如敦煌文书中出现《干禄字书》和《龙龛手鉴》等字书中列出的俗字，我们就可以肯定其为俗字。

三、敦煌文书中的形近易混字

如何处理敦煌文书中的形近易混字，也是整理、释录敦煌文书时经常遇到的棘手问题。

形近易混字和俗字具有一定关联。在关于敦煌俗字的研究中，一个重要的共识是字形相近的偏旁和部首可以视作同形或者说可以相混。如瓦、凡；瓜、爪；雨、两；日、月；目、肉；衣、示、方；扌、木；牛、斗；亻、彳；广、疒；文、支、攴；凤、冖；艹、竹等。上列各组在敦煌文书中都可以混同。我们在遇到这类字时，可不必拘泥其偏旁和部首的具体形态，应主要依据文义来判断由这类偏旁部首组成的字的归属。在上列字形相近可写作同形或可以相混的偏旁部首中，一些同时可以是独立的汉字，如瓦、凡；瓜、爪；雨、两；日、月；目、肉；衣、方；文、支等。以上各组偏旁部首在作为独立的汉字时，在敦煌写本中当然也是很容易相混的。

在我们整理和释录敦煌文书的长期实践中，也积累了一些非偏旁部首而字形相近的汉字亦可混用的字例，这类字也常常对正确辨认敦煌写本的文字造成困扰。如"策""荣"二字在敦煌文书中就可以混同。

以上两个字能否混同，我们的认识经历了一番曲折。就《敦煌俗字典》所列举的字例而言，这两个字的字形是不一样的。所以最初我们一直想从字形上对这两个字加以区分。就该字结构而言，过去一般认为"艹"和"竹"容易混淆。而"策"的上部是"竹"，"榮"的上部是"炏"，因此我们曾试图依据这两个字的上部构件来进行区分。后来发现，"炏"和"竹"也是可以相混的。如 S.2060《道德真经李荣注》："利害不能干，荣辱同忘，贵贱无由得。"依据文义，上引"荣"当为"荣"字，其上部结构应为"炏"，但是这个字的手书与"艹""竹"很难区分。既然"荣"和"策"的上部结构可以混用，我们又曾试图从这两个字的下部结构的差异来区分这两个字。但后来我们发现，"荣"和"策"的下部结构也是可以混用的。如 S.2053《汉书》卷七十八《萧望之传》中有"不早虑所以赈救之荣，而引常经以难，恐后为重责"。从文义来看，以上"荣"字肯定是"策"，但其字形又确实像"荣"

字。这样,"策"和"荣"的具体形态就无法区分了。如何处理这一现象,我们课题组内部的意见并不一致。有人建议将上列"荣"释作"荣",校改作"策",这样做当然是可以的。但经过反复考虑,我们还是决定将其直接释作"策"字。

对这个字的不同处理实际上反映了两种不同的诠释。认为应该将其释作"荣",校改作"策"者,其实是认为抄写者将"策"误写成了"荣";直接将其释作"策",也就是认定在手写文本中,"策"和"荣"在形态上是可以相混的。我们认为,在两个字容易混淆的情况下,应主要依据文义来确定该字到底是哪个字。在几十年的敦煌文书整理、释录实践中,笔者已经确定了十几组形近易混字,包括:"策""荣","收""牧"及"牧""枚","先""光","北""比","遣""遗","茎""苤""筵","巠""巫""至","诓""诬","今""令""合","免""兔","免""兑","弟""第","服""眼","坏""怀","君""居","损""捐","形""刑","苦""若","素""索"。

如何解释写本时代的形近字同形或可以相混的现象,目前敦煌学界尚在探索之中。或者是将这类字当作俗字看待,或者是将其当作误字看待。但如果将其看作误字,按校勘学的惯例就应该校改,这样做虽有道理,但明明知道两字可以相混,又释作误字,校改作正字,似有无事生非之嫌。如果将其视为俗字,似又不符合目前对俗字的种种定义。我们目前采用的办法是,遇到前列各组形近易混字,即使其在文书中的具体字形偏向一组中"甲""乙"两方中的"甲",但根据文义应该是"乙",我们也会将其直接释录为"乙",而在校记中说明其在文书中字形的差异。

四、关于参校本

有一些敦煌文书在传世文献中也保存了下来,还有一些敦煌文书保存了相同内容的不同抄本。遇到这样的情况,使用相同内容的不同版本或抄本相互参校,不仅有助于了解敦煌文书在流传过程中出现的异文情况,对于正确辨识写本上的文字、提高释文的质量也具有重要意义。因为不少文书抄写不规范,底本的文字龙飞凤舞,很难辨识(如下三图),如果没有参校本,很难读通。而且,在遇到难于辨认的文字时,每个释录者都难免受到预设的心理暗示,即如果你预设所辨认的手写文字是哪个字时,你的判断总会有意无意地向你的预设倾斜,最终导致错误的结果。这样一种情况虽然是每一个敦煌文书整理者都会尽量避免的心理陷阱,但在无所依傍的情况下,其实又是很难避免的。如果有了参校本,情况就完全不同了,很多苦苦思索无法认出的文字,往往都可以在与参校本的对照中迎刃而解。

所以,在我们课题组的整理工作中,对参校本有严格的要求。即某文本如果有传世本,即以传世本为参校本;某文本如果在敦煌文书中有相同抄本,即以另一敦煌本为参校本;某文本如果既

法藏P.2063"因明入正理论略抄"(局部)

英藏S.3702V"杂缘喻因由记"(局部)

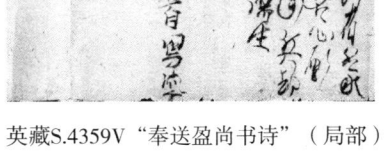

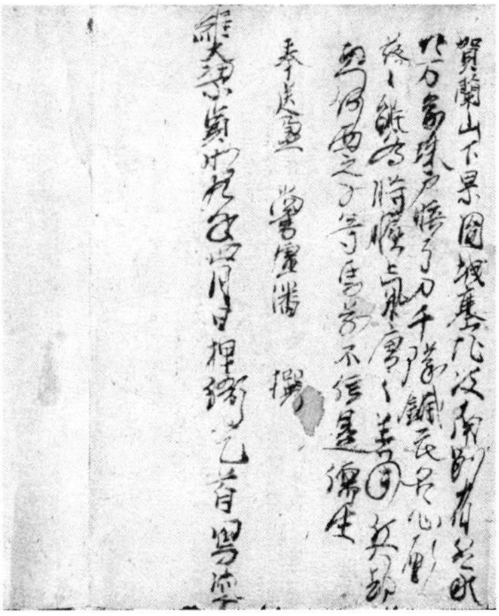

英藏S.4359V"奉送盈尚书诗"(局部)

有传世本，又有敦煌本，即以以上两种文本为参校本。这就要求，在具体的整理工作中，一项重要的工作就是尽量找全所有参校本。因为敦煌文书和传世文献都是海量的，所以，检索参校本也是正确释录敦煌文书的一项重要的基本功。至于如何检索参校本，因为传世本的参校本一般是典籍，检索相对比较容易，依据一般的目录、数据库或通过网络都可以查找。敦煌文书中的参校本，早年主要是通过《敦煌遗书总目索引》《敦煌遗书总目索引新编》所附的索引检索，近年有了《汉文敦煌遗书题名索引》，查找敦煌文书中的同名写本就更方便了。需要说明的是，以上索引都是参考成书前敦煌学界关于敦煌文书的定名汇集而成，难免存在遗漏和错误。所以，如果是批量性地整理、释录敦煌文书，还需要整理者搜集敦煌学界对敦煌文书新的定名成果，或全面查阅目前所能见到的敦煌文书图版，才有可能最大限度地检索到相关文书的参校本。

就敦煌文书中的同名文本而言，是否列为参校本，还有一个遴选和确认的问题。因为敦煌文书是写本时代的产物，很多是个性化的抄本，其具体情况远比印本复杂。不少同名的写本，内容却差别很大；有些不同名文本，内容却是一样的。所以我们现在对敦煌文书中的参校本的确定，基本原则是从严，只有两个写本内容大致相同，仅文字有差异，才列为参校本。部分文字相同的写本可以参校，但不列为参校本。当然，就文字辨认而言，无论是找到内容完全相同的文本还是部分内容相同的文本，对提高释录的质量都会有所帮助。

五、一定要最大限度地参考以往的整理、释录成果

因为敦煌遗书已经有一百多年的整理历史,所以很多文书都已经有人整理释录过,我们在对某件文书进行整理时,当然要参考以往的整理和研究成果。但由于敦煌遗书内容庞杂,以及其在各收藏地点按流水编号上架排列的特殊性,检索某件敦煌遗书的研究信息并非易事。不能像查阅其他研究信息那样通过论文目录就大致可以检索出来。所幸现在已有《国家图书馆藏敦煌遗书研究论著目录索引》和《英藏法藏敦煌遗书研究按号索引》,可以方便地按号检索英、法、中三大藏家相关文书的整理、释录和研究信息。但以上两部索引分别出版于2001年和2009年,两书出版后的研究信息还是需要释录者自己搜集。我们课题组在这方面的要求是,每件文书都要把以往的整理成果搜集全,不允许遗漏,特别是不能遗漏新的和重要的整理释录成果。这些研究信息不但我们在工作中要参考,还要列在每件文书的释文后面,使读者可以直接了解有关该文书的研究信息。

但如果长期从事敦煌文献的整理、释录和研究,或者对敦煌文书进行批量整理,还是应该对重要的释录成果翻看触摸一番,这也是必要的学术积累。

限于篇幅,有些与正确释录敦煌文书有关的重要问题本文未

能涉及。如敦煌文书中的替代符号、方音通假字、同音替代字等，此外还有缀合、定名、定性、定年等问题，也都是在整理、释录敦煌文书中经常遇到的问题。

（本文发表于《中国社会科学报》2023年4月21日。）

第37届国际东方学家大会侧记

第37届国际东方学家大会于2004年8月16至21日在莫斯科举行，1600多名世界各国的东方学家汇聚俄罗斯，就亚洲和北非的历史、现实以及未来的相关问题进行了学术研讨。这是继2000年加拿大蒙特利尔第36届大会以后，世界东方学家的又一次盛会。

国际东方学家大会是一个有很长历史的学术会议。其第一次会议召开于1873年，地点在巴黎。1874年，第二次会议在伦敦举行。此后，一般是每隔二至三年举行一次大会，1908年以后，通常是三至四年召开一次（两次世界大战均造成会议未能如期举行）。自1993年在香港举行的第34届大会以来，最近的几届大会的间隔都是四年。自1873年至今，这个在国际上享有盛名的大会已有130多年的历史。参加这样的会议，会使人感到个人力量和成绩都是微不足道的。与大会的历史向相比，资格再老的学者也是小辈后生；成就再大的学术权威也只是沧海一粟。俗话说，"铁打的营盘流水的兵"，借用到这里，也可以说"铁打的会议流水的学者"。对大会来说，每个参会者都是匆匆过客。很多与会的学界名流虽都风光一时，但终将成为历史，随着时间的推移而逐渐被人忘记，但大会仍然会按预定时间召开。只有那些留下经受住时间考验的著作的学者，才能在百年以后仍不断地被人们提起。所以，参加这样的会议，有助于克服我们急于求成、急功近利的浮躁心态，促使我们静下心来，扎扎实实地从事学术研究。

国际东方学家大会还是一个具有广泛国际性的学术会议。世界各国的东方学家都以组织、参与大会，并以在大会上发表论文为荣。一百多年来，会议的举办地点遍及欧、非、亚、美和大洋洲等五大洲的 22 个国家和地区。迄今为止，主办过这个会议的国家、地区和城市有法国（巴黎 1873、1897、1948、1973），英国（伦敦 1874、1892，牛津 1928，剑桥 1954），俄罗斯（圣彼得堡 1876，莫斯科 1960、2004），意大利（佛罗伦萨 1878，罗马 1899、1935），德国（柏林 1881，汉堡 1902、1986，慕尼黑 1957），荷兰（莱顿 1883、1931），奥地利（维也纳 1886），北欧（斯德哥尔摩和克里斯蒂安尼亚 1889），瑞士（日内瓦 1894），阿尔及利亚（阿尔及尔 1905），丹麦（哥本哈根 1908），希腊（雅典 1912），比利时（布鲁塞尔 1938），土耳其（伊斯坦布尔 1951），印度（新德里 1964），美国（安阿伯市 1967），澳大利亚（堪培拉 1971），墨西哥（墨西哥城 1976），日本（东京和京都1983），加拿大（多伦多1990、蒙特利尔2000），匈牙利（布达佩斯1997），等等。从会议的主办国和地区可以看出，这个大会一方面具有广泛的国际性，同时又是以欧洲的东方学家为主体。我们看到，不仅欧洲国家主办的大会次数较多，早年的会议主办国也是由欧洲各国轮流承担。直到1964年以后，这种情况才逐渐改变。

国际东方学家大会又是一个对国际东方学的发展有重要影响的讲坛。各个时代的各国著名东方学家都曾在这个讲坛上发表他们的成果，特别是欧洲的东方学家，一生都要多次参加这个大会。每次大会都及时地交流了各国东方学家的学术成果和信息，并加强了各国学者之间的联系，使东方学的研究理念、手段和方法不断进步，从而有力地促进了世界东方学的发展。

一百多年来，国际东方学家大会所讨论的内容不断拓展，参加的人数也不断增多。起初，参加大会的主要是以法、英、俄、德等国学者为主体的欧洲学者，会议讨论的问题以中国、印度和中亚的考古发现和历史为主。以后，参会的学者逐渐扩展到全世界，大会所讨论的问题随之不断拓展，致使大会的名称也不断演变。在1973年以前召开的29届大会，其名称均为"国际东方学家大会"（International Congress of Orientalists）。而第30届（1976年）和第31届（1983年）大会则更名为"国际亚洲和北非人文学者大会"（International Congress of Human Sciences in Asian and North Africa）。从第32届（1986年）大会起，大会又更名为"国际亚洲和北非研究学者大会"（International Congress of Asian and North Africa Studies）。现在，大会所讨论的问题的范围扩展到整个亚洲和北非的历史、现实和未来。此次大会虽沿用了第32届大会以来的名称，但同时使用"国际东方学家大会"的名称，给会议代表的正式邀请书和普京总统的贺电所使用的就都是后一名称。

就最近的几次大会而言，开会的方式有全体大会、分成若干组的专题小组讨论会（Panel）和圆桌会议（Round Table）三种形式。全体大会一般举行两次，即第一天的开幕式和最后一天的闭幕式。第一天的全体大会，除了开幕式等礼仪性的程序和礼节性的发言以外，一般还要有主题发言。专题小组讨论会是大会的基本形式，往往是十几个甚至几十个小组同时进行，参会者可以选择自己感兴趣的问题参加任意一个小组。各小组参会者的多寡完全是随机的，有的小组可能听众很多，如果座位不够，就只能站着听会；有的小组可能听众很少，只有几个人参会；也有的小组因为前来参加的代表和听众太少不得不临时取消。就我所见，大会的代表一般对有关中国问题的小组讨论兴趣较大，参会者一般能达到30多人甚至更多。圆桌会议的规模介于全体大会和小组会议之间，往往是就一涵盖面较大的主题展开讨论。但圆桌会议的场次比小组讨论会少得多，此次大会只有三场圆桌会议。

这次会议的主题，英文是"Unity in Diversity"，俄罗斯人说这句话来自古印度的箴言，而古代俄罗斯思想家也有类似的说法。

在普京总统给大会的贺电中也提到了这句话,普京总统给大会的贺电在俄罗斯驻京大使馆的网页上被翻译成了中文。从中我们知道俄罗斯人将"Unity in Diversity"翻译成了"多样化中的统一性",这当然是可以的。但我反复琢磨,如果翻译成"和而不同",似乎更加贴切。"和而不同"出自《论语》,历代注疏家作过出色的解说。照我的理解,将其解释成"既能团结和睦,又分别保持各自的特点",应该大致不错。中国、印度和俄罗斯的思想家都有类似的表述,说明这一认识是超越了国界的真知,是人类智慧的结晶。"和而不同"之所以成为大会的主题,是因为这一思想并没有过时,有着巨大的现实意义。我们都知道,俄罗斯还存在严重的"不和"因素,恶性恐怖事件时有发生。在会议期间,会场大门荷枪实弹的警卫也与"和而不同"的主题形成鲜明的对照。大会闭幕后不久,先后发生了两架飞机坠毁和300多名人质被杀的恐怖事件。这说明,越是在"不和"因素突出的地区和国家,人们对"和"的诉求越强烈。"和而不同"是超越时空的真知,尊崇这一原则,不仅有助于化解一国之内各种"不和"因素,对处理好国与国之间的关系和人与人之间的关系也有很大现实意义。

在大会的总主题之下,会议讨论的内容又被分为12个学科和研究领域,即世界东方学术史、比较语言学、历史、精神文明、文学评论、经济、民族和社会人类学、社会生态学——环境与时代的需求、国际宗教、新技术、东方教育、博物馆档案图书馆出版社，每个学科或研究领域之下又分若干专题小组，分别进行研讨。圆桌会议共有三个场次，其内容分别是21世纪东方学对社会发展的价值和意义、全球化——东方和西方、中亚和高加索之过去和现在的文明。以上所列学科和研究领域，已非传统的人文学科所能完全容纳，这恐怕是最近的几届大会不再称为"人文学者大会"的缘由。

可能是由于参加此次大会的中国学者太少，会议安排的关于中国问题的小组专题研讨只有一场。这个专题讨论小组的名称是"中国的历史和文化"。从计划上看，原准备到会的有一位澳门的中国学者和一位华裔美国学者，但这两个人都未能到场，实际参加这一场讨论的中国人只有我一个。在这个小组发言的学者及其论文题目如下：

萨莫依洛夫·尼·安（俄罗斯）：《沙皇与辽东》

郝春文（中国）：《从冲突到兼容——中国中古时期传统社邑与佛教的关系》

栗原圭介（日本）：《中国古代圣哲有关人类生存的基本观念》

Бокщанин А. А.（博克夏宁·А. А.，俄罗斯）：《朱元璋价值观的改变》

Бугрова М. С.（布格罗娃·М. С.，俄罗斯）：《英国在中国与西方关系的发展中所起的作用》

Варенов А. В.（瓦列诺夫·А. В.，俄罗斯）：《中国和印度

古代军车的比较》

Врадий С.（弗列金·С.，俄罗斯）：《从有关林则徐的传记看中国古代列传的一些特点》

Кожевников А. Е.（科热夫尼科夫·А. Е.，俄罗斯）：《清朝社会中的西化思潮》

Соколов-Ремизов С. Н.（索科洛夫－列米佐夫·С. Н.，俄罗斯）：《关于中国的闲章》

Kudzeratora Olga（库德拉托娃·奥莉加，俄罗斯）：《关于中国的占卜文化》

孙静（俄罗斯）：《兵家哲学对中国社会和思想的影响》

可以看出，这个场次的发言者以俄罗斯的汉学家为主，发言者完全根据自己的研究专长报告研究成果，所涉及的时代包括古代和近代，所涉及的研究领域也很宽泛。原计划在这个场次发言的还有两个日本人和一个德国人，但均未到场。后来，日本学者在大会的安排以外，又单独组织了一个"唐宋以后中国社会的变革及其意义——以科举考试、城市化和宗族体系为视角"专题讨论会，用了一天时间，分为三个小组。发言的学者及论文题目如下：

第一小组：中国宋代文官考试教育制度对社会和文化的影响

高津孝（日本）：《文官考试和中国文化——多样性文化的萎缩》

Hilde De Weerdt（魏希德，美国）：《科举考试的附庸和代

理人——12世纪教师的肖像》

市来津由彦（日本）：《朱熹的"士"之"修己治人"与"为己之学"》

第二小组：宋代社会的控制结构——行政体系的结构与社会的回应

须江隆（日本）：《镇的社会秩序——庙与地方士人》

Angela Schottenhammer（萧婷，德国）：《中国五代时期的现实与观念形态——以王处直墓志铭为例》

平田茂树（日本）：《南宋临时都城杭州的政治地位——周必大之〈思陵录〉〈奉诏录〉解析》

冈本不二明（日本）：《中国宋代城市中的娱乐与犯罪》

第三小组：中国九至十九世纪的宗族与地方社会

Hugh R. Clark（休·克拉克，美国）：《宋初闽南（福建）的家谱传统》

远藤隆俊（日本）：《宋代典型宗族的秩序和结构——范氏十六房的结构》

冈元司（日本）：《南宋温州士人的家庭与墓地——以地方社会为视角》

井上彻（日本）：《明晚期广州的宗族组织——颜俊彦〈盟水斋存牍〉研究》

中岛乐章（日本）：《宗族原型追踪——清中期徽州的一个小规模宗族组织之结构和社会流动策略》

以上三个专题小组的发言者以日本学者为主，其中第一和第三小组中各有一个美国人，第二个小组中有一个德国人，他们都正在日本进修或从事研究工作。原计划在"中国的历史和文化"专题小组发言实际并未参加的几个日、德学者，都在上列几个日本人组织的专题小组会上发了言。

日本学界对参与国际东方学家大会历来十分重视，每次都要组成专门的筹备委员会，负责遴选参会学者，筹集参会者的经费。每届大会都能得到不止一个财团的资助，所以，多数参会的日本学者的经费都是筹备委员会募集来的。像上文提到的"唐宋以后中国社会的变革及其意义——以科举考试、城市化和宗族体系为视角"专题讨论会，就是由一个日本公司资助的，所有在这个专题讨论会上发言的学者的往返路费和大会期间的费用都由该公司资助。日本的东方学学者对参加大会也很积极，特别是青年学者，参加大会在某种意义上成为他们变成东方学家的入门券。由于以上两方面原因，参加最近几届大会的日本学者都很多，北海道大学教授石塚晴通说参加此次大会的日本学者有100多人。就大会的安排来看，有关日本的问题被分成几个专题小组，每个小组的发言者都是以日本学者为主。

同为亚洲国家，日本学界对大会的热衷和中国学界对大会的淡漠形成了强烈的反差。特别是日本学者组织的有关中国问题的专题研讨会深深地刺痛了我。于理而论，学术是没有国界的，就这个意义上说，我们应该欢迎任何国别的学者研究中国。但是，如果一批外国人在国际场合讨论中国问题，反而没有中国人参加，总不能说是令人鼓舞的事情吧。就中国问题研究的实际情况而言，虽然外国学者的研究成果不容忽视，但从整体上看，应该承认，还是中国人最有发言权。至少我所从事的中国古代史学科如此。特别是最近20多年来，我们在各个断代和各个领域都取得了令国际学界瞩目的成果，可以说是高手林立。以这些丰硕的成果和众多高手为后盾，在任何国际讲台上讨论中国问题，都理所当然地应该有中国人的声音，只有这样，才能与我们在国际上的学术地位相适应。

参与国际东方学家大会的中国学者较少，不是由于大会的组织者或西方学者的原因。至少在最近几届大会，主办国和大会的具体组织者都热忱地欢迎中国学者参加，西方学者也很欢迎中国学者参加他们的专题讨论场次。特别是有关中国问题的讨论，中国学者的参加可以提升讨论的层次。在国际东方学家大会上出现现在这样的尴尬局面，完全是我们自己放弃了发言权。

孔子说过，"可与言而不与言，失人"，大会期间，这句话总是在我的耳边回响。在改革开放以前，就中国古代史的研究而言，中国学者的研究成果与日本学者的研究成果相比，应该是各有特色。但我们都知道日本学者关于中国古代史研究的成果对西方学者的影响更大一些，被引用的更多一些。造成那样一种状况的原因是多方面的，比如有意识形态因素的影响，有当时中国与世隔绝因素的影响等。但还有一个重要的原因就是日本学者比较注意把他们的成果介绍给英语世界的同行。我们并不怀疑国外同行的汉语言能力，但中文再好的汉学家也更愿意用自己的母语阅读。如果我们注意把自己最重要的成果译成英文（参加国际会议只是方式之一），无疑会扩大中国学术界在国际上的影响。

在这方面，日本学者就做得比我们好。我们都知道，在日本科技界，提倡直接用英文发表研究成果。很多人文社会科学的研究成果也往往附有英文的提要或简介。如日本东洋文库出版的一套有关敦煌吐鲁番社会经济文献的丛书，每种都附有英文的目录和比较详细的解说。把自己的研究成果介绍给英语世界的同行，不但可以扩大在国际上的学术影响，同时也是融入国际学术界的开端。积极参加国际学术活动，就是融入国际学术界的最好方式。在此次大会期间，日本人自己组织的有关中国问题的专题小组讨论会，发言者和参加者都以日本人为主，但全体参加者自始至终都坚持用英语发言、提问和回答。看得出来，不少人的英语并不够好，从他们多次因不小心把英语说成了汉语来看，他们的汉语要比英语好。但他们坚持说英语，有时听不懂英语的提问，就请在场的朋友把英语翻译成日语，然后再尽量用英语回答。绝不能认为他们是在故作姿态，对日本人来说，用英语在国际会议上做一次发言和主持一个英语的专题讨论都是一种资历，甚至是成为国际东方学者的标志。不管他们的看法是否合理，他们积极参与世界、让世界尽快了解自己的精神都是令人感动的。近代以来，日本的近代化和现代化进程都比我们快，参与世界的意识比我们强应该是重要原因之一。

对中国学者而言，不能参加本届大会的原因也是多方面的。但是，现在中国学者与外国学者联系的内外部环境都是历史上最好的时期。不论是有关整个东方学的研究，还是有关中国的研究，中国学界都没有理由继续游离于国际学术圈之外。即使中国学者的水平最高，如果游离于国际学术圈之外，影响也会被大大地淡化和弱化。由于外国学者的研究在理论、选题和方法等方面都有借鉴意义，如果缺少国际间的交流，最终也会对我们的学术发展形成制约。所以，加强和英语世界的学术交流，无论对国际东方学的发展还是对中国东方学的发展都应该有利。更重要的是，在这样一个大型的具有重大国际影响的国际学术会议上讨论中国问题，必须有中国学者的声音。在这样的大道理面前，妨碍我们参会的任何理由都会显得缺乏说服力。每一个中国学者都应该认识到，积极参与国际学术交流，将我们的学术成果介绍给外国同行是我们义不容辞的责任。

第38届国际东方学家大会将于2008年在土耳其的伊斯坦布尔举行，希望能有更多的中国学者积极参与下次盛会，更希望在不久的将来，中国能成为这个大会的主办国。现在国内流行的国际学术研讨会，多是以中国学者为主，再请几个或十几个外国学者参加，会议使用的语言一般是汉语。这样的国际学术交流当然是有意义的，但也是远远不够的，特别是对英语世界同行的影响是很有限的。所以，我们应该大力提倡参与和组织以国外同行为主体的、用英语作为工作语言的国际学术研讨会。

2004 年 9 月于上海

（本文发表于《上海师范大学学报》2005 年第 2 期，标题略有略调。又载《敦煌学国际联络委员会通讯集刊》，上海古籍出版社 2005 年版。）